ITALIANO
VOCABULÁRIO

PORTUGUÊS BRASILEIRO

PORTUGUÊS
ITALIANO

Para alargar o seu léxico e apurar
as suas competências linguísticas

5000 palavras

Vocabulário Português Brasileiro-Italiano - 5000 palavras

Por Andrey Taranov

Os vocabulários da T&P Books destinam-se a ajudar a aprender, a memorizar, e a rever palavras estrangeiras. O dicionário é dividido em temas, cobrindo todas as principais esferas de atividades quotidianas, negócios, ciência, cultura, etc.

O processo de aprendizagem, utilizando os dicionários baseados em temáticas da T&P Books dá-lhe as seguintes vantagens:

- Informação de origem corretamente agrupada predetermina o sucesso em fases subsequentes da memorização de palavras
- Disponibilização de palavras derivadas da mesma raiz, o que permite a memorização de unidades de texto (em vez de palavras separadas)
- Pequenas unidades de palavras facilitam o processo de estabelecimento de vínculos associativos necessários para a consolidação do vocabulário
- O nível de conhecimento da língua pode ser estimado pelo número de palavras aprendidas

T&P Books Publishing
www.tpbooks.com

ISBN: 978-1-78767-374-8

Este livro também está disponível em formato E-book.
Por favor visite www.tpbooks.com ou as principais livrarias on-line.

VOCABULÁRIO ITALIANO
palavras mais úteis

Os vocabulários da T&P Books destinam-se a ajudar a aprender, a memorizar, e a rever palavras estrangeiras. O vocabulário contém mais de 5000 palavras de uso comum organizadas tematicamente.

O vocabulário contém as palavras mais comummente usadas

Recomendado como adicional para qualquer curso de línguas

Satisfaz as necessidades dos iniciados e dos alunos avançados de línguas estrangeiras

Conveniente para o uso diário, sessões de revisão e atividades de auto-teste

Permite avaliar o seu vocabulário

Características especias do vocabulário

- As palavras estão organizadas de acordo com o seu significado, e não por ordem alfabética
- As palavras são apresentadas em três colunas para facilitar os processos de revisão e auto-teste
- As palavras compostas são divididas em pequenos blocos para facilitar o processo de aprendizagem
- O vocabulário oferece uma transcrição simples e adequada de cada palavra estrangeira

O vocabulário contém 155 tópicos incluindo:

Conceitos básicos, Números, Cores, Meses, Estações do ano, Unidades de medida, Roupas & Acessórios, Alimentos & Nutrição, Restaurante, Membros da Família, Parentes, Caráter, Sentimentos, Emoções, Doenças, Cidade, Passeios, Compras, Dinheiro, Casa, Lar, Escritório, Trabalho no Escritório, Importação & Exportação, Marketing, Pesquisa de Emprego, Esportes, Educação, Computador, Internet, Ferramentas, Natureza, Países, Nacionalidades e muito mais ...

TABELA DE CONTEÚDOS

GUIA DE PRONUNCIAÇÃO

Alfabeto fonético T&P	Exemplo Italiano	Exemplo Português
[a]	casco ['kasko]	chamar
[e]	sfera ['sfera]	metal
[i]	filo ['filo]	sinônimo
[o]	dolce ['doltʃe]	lobo
[u]	siluro [si'luro]	bonita
[y]	würstel ['vyrstel]	questionar
[b]	busta ['busta]	barril
[d]	andare [an'dare]	dentista
[dz]	zinco ['dzinko]	pizza
[dʒ]	Norvegia [nor'vedʒa]	adjetivo
[ʒ]	garage [ga'raʒ]	talvez
[f]	ferrovia [ferro'via]	safári
[g]	ago ['ago]	gosto
[k]	cocktail ['koktejl]	aquilo
[j]	piazza ['pjattsa]	Vietnã
[l]	olive [o'live]	libra
[ʎ]	figlio ['fiʎʎo]	barulho
[m]	mosaico [mo'zaiko]	magnólia
[n]	treno ['treno]	natureza
[ŋ]	granchio ['graŋkio]	alcançar
[ɲ]	magnete [ma'ɲete]	ninhada
[p]	pallone [pal'lone]	presente
[r]	futuro [fu'turo]	riscar
[s]	triste ['triste]	sanita
[ʃ]	piscina [pi'ʃina]	mês
[t]	estintore [estin'tore]	tulipa
[ts]	spezie ['spetsie]	tsé-tsé
[tʃ]	lancia ['lantʃa]	Tchau!
[v]	volo ['volo]	fava
[w]	whisky ['wiski]	página web
[z]	deserto [de'zerto]	sésamo

ABREVIATURAS
usadas no vocabulário

Abreviaturas do Português

adj	-	adjetivo
adv	-	advérbio
anim.	-	animado
conj.	-	conjunção
desp.	-	esporte
etc.	-	Etcetera
ex.	-	por exemplo
f	-	nome feminino
f pl	-	feminino plural
fem.	-	feminino
inanim.	-	inanimado
m	-	nome masculino
m pl	-	masculino plural
m, f	-	masculino, feminino
masc.	-	masculino
mat.	-	matemática
mil.	-	militar
pl	-	plural
prep.	-	preposição
pron.	-	pronome
sb.	-	sobre
sing.	-	singular
v aux	-	verbo auxiliar
vi	-	verbo intransitivo
vi, vt	-	verbo intransitivo, transitivo
vr	-	verbo reflexivo
vt	-	verbo transitivo

Abreviaturas do Italiano

agg	-	adjetivo
f	-	nome feminino
f pl	-	feminino plural
m	-	nome masculino
m pl	-	masculino plural
m, f	-	masculino, feminino
pl	-	plural
v aus	-	verbo auxiliar

vi	-	verbo intransitivo
vi, vt	-	verbo intransitivo, transitivo
vr	-	verbo reflexivo
vt	-	verbo transitivo

CONCEITOS BÁSICOS

Conceitos básicos. Parte 1

1. Pronomes

eu	**io**	['io]
você	**tu**	['tu]
ele	**lui**	['luj]
ela	**lei**	['lej]
nós	**noi**	['noj]
vocês	**voi**	['voi]
eles, elas	**loro, essi**	['loro], ['essi]

2. Cumprimentos. Saudações. Despedidas

Oi!	**Buongiorno!**	[buon'dʒorno]
Olá!	**Salve!**	['salve]
Bom dia!	**Buongiorno!**	[buon'dʒorno]
Boa tarde!	**Buon pomeriggio!**	[bu'on pome'ridʒo]
Boa noite!	**Buonasera!**	[buona'sera]
cumprimentar (vt)	**salutare** (vt)	[salu'tare]
Oi!	**Ciao! Salve!**	['tʃao], ['salve]
saudação (f)	**saluto** (m)	[sa'luto]
saudar (vt)	**salutare** (vt)	[salu'tare]
Tudo bem?	**Come va?**	['kome 'va]
E aí, novidades?	**Che c'è di nuovo?**	[ke tʃe di nu'ovo]
Tchau! Até logo!	**Arrivederci!**	[arrive'dertʃi]
Até breve!	**A presto!**	[a 'presto]
Adeus!	**Addio!**	[ad'dio]
despedir-se (dizer adeus)	**congedarsi** (vr)	[kondʒe'darsi]
Até mais!	**Ciao!**	['tʃao]
Obrigado! -a!	**Grazie!**	['gratsie]
Muito obrigado! -a!	**Grazie mille!**	['gratsie 'mille]
De nada	**Prego**	['prego]
Não tem de quê	**Non c'è di che!**	[non tʃe di 'ke]
Não foi nada!	**Di niente**	[di 'njente]
Desculpa!	**Scusa!**	['skuza]
Desculpe!	**Scusi!**	['skuzi]
desculpar (vt)	**scusare** (vt)	[sku'zare]
desculpar-se (vr)	**scusarsi** (vr)	[sku'zarsi]

Me desculpe	Chiedo scusa	['kjedo 'skuza]
Desculpe!	Mi perdoni!	[mi per'doni]
perdoar (vt)	perdonare (vt)	[perdo'nare]
Não faz mal	Non fa niente	[non fa 'njente]
por favor	per favore	[per fa'vore]

Não se esqueça!	Non dimentichi!	[non di'mentiki]
Com certeza!	Certamente!	[tʃerta'mente]
Claro que não!	Certamente no!	[tʃerta'mente no]
Está bem! De acordo!	D'accordo!	[dak'kordo]
Chega!	Basta!	['basta]

3. Como se dirigir a alguém

senhor	signore	[si'ɲore]
senhora	signora	[si'ɲora]
senhorita	signorina	[siɲo'rina]
jovem	signore	[si'ɲore]
menino	ragazzo	[ra'gattso]
menina	ragazza	[ra'gattsa]

4. Números cardinais. Parte 1

zero	zero (m)	['dzero]
um	uno	['uno]
dois	due	['due]
três	tre	['tre]
quatro	quattro	['kwattro]

cinco	cinque	['tʃinkwe]
seis	sei	['sej]
sete	sette	['sette]
oito	otto	['otto]
nove	nove	['nove]

dez	dieci	['djetʃi]
onze	undici	['unditʃi]
doze	dodici	['doditʃi]
treze	tredici	['treditʃi]
catorze	quattordici	[kwat'torditʃi]

quinze	quindici	['kwinditʃi]
dezesseis	sedici	['seditʃi]
dezessete	diciassette	[ditʃas'sette]
dezoito	diciotto	[di'tʃotto]
dezenove	diciannove	[ditʃan'nove]

vinte	venti	['venti]
vinte e um	ventuno	[ven'tuno]
vinte e dois	ventidue	['venti 'due]
vinte e três	ventitre	['venti 'tre]
trinta	trenta	['trenta]

trinta e um	**trentuno**	[tren'tuno]
trinta e dois	**trentadue**	[trenta 'due]
trinta e três	**trentatre**	[trenta 'tre]
quarenta	**quaranta**	[kwa'ranta]
quarenta e um	**quarantuno**	[kwa'rant'uno]
quarenta e dois	**quarantadue**	[kwa'ranta 'due]
quarenta e três	**quarantatre**	[kwa'ranta 'tre]
cinquenta	**cinquanta**	[tʃin'kwanta]
cinquenta e um	**cinquantuno**	[tʃin'kwant'uno]
cinquenta e dois	**cinquantadue**	[tʃin'kwanta 'due]
cinquenta e três	**cinquantatre**	[tʃin'kwanta 'tre]
sessenta	**sessanta**	[ses'santa]
sessenta e um	**sessantuno**	[sessan'tuno]
sessenta e dois	**sessantadue**	[ses'santa 'due]
sessenta e três	**sessantatre**	[ses'santa 'tre]
setenta	**settanta**	[set'tanta]
setenta e um	**settantuno**	[settan'tuno]
setenta e dois	**settantadue**	[set'tanta 'due]
setenta e três	**settantatre**	[set'tanta 'tre]
oitenta	**ottanta**	[ot'tanta]
oitenta e um	**ottantuno**	[ottan'tuno]
oitenta e dois	**ottantadue**	[ot'tanta 'due]
oitenta e três	**ottantatre**	[ot'tanta 'tre]
noventa	**novanta**	[no'vanta]
noventa e um	**novantuno**	[novan'tuno]
noventa e dois	**novantadue**	[no'vanta 'due]
noventa e três	**novantatre**	[no'vanta 'tre]

5. Números cardinais. Parte 2

cem	**cento**	['tʃento]
duzentos	**duecento**	[due'tʃento]
trezentos	**trecento**	[tre'tʃento]
quatrocentos	**quattrocento**	[kwattro'tʃento]
quinhentos	**cinquecento**	[tʃinkwe'tʃento]
seiscentos	**seicento**	[sej'tʃento]
setecentos	**settecento**	[sette'tʃento]
oitocentos	**ottocento**	[otto'tʃento]
novecentos	**novecento**	[nove'tʃento]
mil	**mille**	['mille]
dois mil	**duemila**	[due'mila]
três mil	**tremila**	[tre'mila]
dez mil	**diecimila**	['djetʃi 'mila]
cem mil	**centomila**	[tʃento'mila]
um milhão	**milione** (m)	[mi'ljone]
um bilhão	**miliardo** (m)	[mi'ljardo]

6. Números ordinais

primeiro (adj)	**primo**	['primo]
segundo (adj)	**secondo**	[se'kondo]
terceiro (adj)	**terzo**	['tertso]
quarto (adj)	**quarto**	['kwarto]
quinto (adj)	**quinto**	['kwinto]
sexto (adj)	**sesto**	['sesto]
sétimo (adj)	**settimo**	['settimo]
oitavo (adj)	**ottavo**	[ot'tavo]
nono (adj)	**nono**	['nono]
décimo (adj)	**decimo**	['detʃimo]

7. Números. Frações

fração (f)	**frazione** (f)	[fra'tsjone]
um meio	**un mezzo**	[un 'meddzo]
um terço	**un terzo**	[un 'tertso]
um quarto	**un quarto**	[un 'kwarto]
um oitavo	**un ottavo**	[un ot'tavo]
um décimo	**un decimo**	[un 'detʃimo]
dois terços	**due terzi**	['due 'tertsi]
três quartos	**tre quarti**	[tre 'kwarti]

8. Números. Operações básicas

subtração (f)	**sottrazione** (f)	[sottra'tsjone]
subtrair (vi, vt)	**sottrarre** (vt)	[sot'trarre]
divisão (f)	**divisione** (f)	[divi'zjone]
dividir (vt)	**dividere** (vt)	[di'videre]
adição (f)	**addizione** (f)	[addi'tsjone]
somar (vt)	**addizionare** (vt)	[additsjo'nare]
adicionar (vt)	**addizionare** (vt)	[additsjo'nare]
multiplicação (f)	**moltiplicazione** (f)	[moltiplika'tsjone]
multiplicar (vt)	**moltiplicare** (vt)	[moltipli'kare]

9. Números. Diversos

algarismo, dígito (m)	**cifra** (f)	['tʃifra]
número (m)	**numero** (m)	['numero]
numeral (m)	**numerale** (m)	[nume'rale]
menos (m)	**meno** (m)	['meno]
mais (m)	**più** (m)	['pju]
fórmula (f)	**formula** (f)	['formula]
cálculo (m)	**calcolo** (m)	['kalkolo]
contar (vt)	**contare** (vt)	[kon'tare]

calcular (vt)	calcolare (vt)	[kalko'lare]
comparar (vt)	comparare (vt)	[kompa'rare]
Quanto?	Quanto?	['kwanto]
Quantos? -as?	Quanti?	['kwanti]
soma (f)	somma (f)	['somma]
resultado (m)	risultato (m)	[rizul'tato]
resto (m)	resto (m)	['resto]
alguns, algumas ...	qualche ...	['kwalke]
pouco (~ tempo)	un po'di ...	[un po di]
resto (m)	resto (m)	['resto]
um e meio	uno e mezzo	['uno e 'meddzo]
dúzia (f)	dozzina (f)	[dod'dzina]
ao meio	in due	[in 'due]
em partes iguais	in parti uguali	[in 'parti u'gwali]
metade (f)	metà (f), mezzo (m)	[me'ta], ['meddzo]
vez (f)	volta (f)	['volta]

10. Os verbos mais importantes. Parte 1

abrir (vt)	aprire (vt)	[a'prire]
acabar, terminar (vt)	finire (vt)	[fi'nire]
aconselhar (vt)	consigliare (vt)	[konsiʎ'ʎare]
adivinhar (vt)	indovinare (vt)	[indovi'nare]
advertir (vt)	avvertire (vt)	[avver'tire]
ajudar (vt)	aiutare (vt)	[aju'tare]
almoçar (vi)	pranzare (vi)	[pran'tsare]
alugar (~ um apartamento)	affittare (vt)	[affit'tare]
amar (pessoa)	amare qn	[a'mare]
ameaçar (vt)	minacciare (vt)	[mina'tʃare]
anotar (escrever)	annotare (vt)	[anno'tare]
apressar-se (vr)	avere fretta	[a'vere 'fretta]
arrepender-se (vr)	rincrescere (vi)	[rin'kreʃere]
assinar (vt)	firmare (vt)	[fir'mare]
brincar (vi)	scherzare (vi)	[sker'tsare]
brincar, jogar (vi, vt)	giocare (vi)	[dʒo'kare]
buscar (vt)	cercare (vt)	[tʃer'kare]
caçar (vi)	cacciare (vt)	[ka'tʃare]
cair (vi)	cadere (vi)	[ka'dere]
cavar (vt)	scavare (vt)	[ska'vare]
chamar (~ por socorro)	chiamare (vt)	[kja'mare]
chegar (vi)	arrivare (vi)	[arri'vare]
chorar (vi)	piangere (vi)	['pjandʒere]
começar (vt)	cominciare (vt)	[komin'tʃare]
comparar (vt)	comparare (vt)	[kompa'rare]
concordar (dizer "sim")	essere d'accordo	['essere dak'kordo]
confiar (vt)	fidarsi (vr)	[fi'darsi]

confundir (equivocar-se)	confondere (vt)	[kon'fondere]
conhecer (vt)	conoscere	[ko'noʃere]
contar (fazer contas)	contare (vt)	[kon'tare]
contar com ...	contare su ...	[kon'tare su]
continuar (vt)	continuare (vt)	[kontinu'are]
controlar (vt)	controllare (vt)	[kontrol'lare]
convidar (vt)	invitare (vt)	[invi'tare]
correr (vi)	correre (vi)	['korrere]
criar (vt)	creare (vt)	[kre'are]
custar (vt)	costare (vt)	[ko'stare]

11. Os verbos mais importantes. Parte 2

dar (vt)	dare (vt)	['dare]
dar uma dica	dare un suggerimento	[dare un sudʒeri'mento]
decorar (enfeitar)	decorare (vt)	[deko'rare]
defender (vt)	difendere (vt)	[di'fendere]
deixar cair (vt)	lasciar cadere	[la'ʃar ka'dere]
descer (para baixo)	scendere (vi)	['ʃendere]
desculpar (vt)	battaglia (f)	[bat'taʎʎa]
desculpar-se (vr)	scusarsi (vr)	[sku'zarsi]
dirigir (~ uma empresa)	dirigere (vt)	[di'ridʒere]
discutir (notícias, etc.)	discutere (vt)	[di'skutere]
disparar, atirar (vi)	sparare (vi)	[spa'rare]
dizer (vt)	dire (vt)	['dire]
duvidar (vt)	dubitare (vi)	[dubi'tare]
encontrar (achar)	trovare (vt)	[tro'vare]
enganar (vt)	ingannare (vt)	[ingan'nare]
entender (vt)	capire (vt)	[ka'pire]
entrar (na sala, etc.)	entrare (vi)	[en'trare]
enviar (uma carta)	mandare (vt)	[man'dare]
errar (enganar-se)	sbagliare (vi)	[zbaʎ'ʎare]
escolher (vt)	scegliere (vt)	['ʃeʎʎere]
esconder (vt)	nascondere (vt)	[na'skondere]
escrever (vt)	scrivere (vt)	['skrivere]
esperar (aguardar)	aspettare (vt)	[aspet'tare]
esperar (ter esperança)	sperare (vi, vt)	[spe'rare]
esquecer (vt)	dimenticare (vt)	[dimenti'kare]
estudar (vt)	studiare (vt)	[stu'djare]
exigir (vt)	esigere (vt)	[e'zidʒere]
existir (vi)	esistere (vi)	[e'zistere]
explicar (vt)	spiegare (vt)	[spje'gare]
falar (vi)	parlare (vi, vt)	[par'lare]
faltar (a la escuela, etc.)	mancare le lezioni	[man'kare le le'tsjoni]
fazer (vt)	fare (vt)	['fare]
ficar em silêncio	tacere (vi)	[ta'tʃere]
gabar-se (vr)	vantarsi (vr)	[van'tarsi]

gostar (apreciar)	**piacere** (vi)	[pja'tʃere]
gritar (vi)	**gridare** (vi)	[gri'dare]
guardar (fotos, etc.)	**conservare** (vt)	[konser'vare]
informar (vt)	**informare** (vt)	[infor'mare]
insistir (vi)	**insistere** (vi)	[in'sistere]
insultar (vt)	**insultare** (vt)	[insul'tare]
interessar-se (vr)	**interessarsi di ...**	[interes'sarsi di]
ir (a pé)	**andare** (vi)	[an'dare]
ir nadar	**fare il bagno**	['fare il 'baɲo]
jantar (vi)	**cenare** (vi)	[tʃe'nare]

12. Os verbos mais importantes. Parte 3

ler (vt)	**leggere** (vi, vt)	['ledʒere]
libertar, liberar (vt)	**liberare** (vt)	[libe'rare]
matar (vt)	**uccidere** (vt)	[u'tʃidere]
mencionar (vt)	**menzionare** (vt)	[mentsjo'nare]
mostrar (vt)	**mostrare** (vt)	[mo'strare]
mudar (modificar)	**cambiare** (vt)	[kam'bjare]
nadar (vi)	**nuotare** (vi)	[nuo'tare]
negar-se a ... (vr)	**rifiutarsi** (vr)	[rifju'tarsi]
objetar (vt)	**obiettare** (vt)	[objet'tare]
observar (vt)	**osservare** (vt)	[osser'vare]
ordenar (mil.)	**ordinare** (vt)	[ordi'nare]
ouvir (vt)	**sentire** (vt)	[sen'tire]
pagar (vt)	**pagare** (vi, vt)	[pa'gare]
parar (vi)	**fermarsi** (vr)	[fer'marsi]
parar, cessar (vt)	**cessare** (vt)	[tʃes'sare]
participar (vi)	**partecipare** (vi)	[partetʃi'pare]
pedir (comida, etc.)	**ordinare** (vt)	[ordi'nare]
pedir (um favor, etc.)	**chiedere, domandare**	['kjedere], [doman'dare]
pegar (tomar)	**prendere** (vt)	['prendere]
pegar (uma bola)	**afferrare** (vt)	[affer'rare]
pensar (vi, vt)	**pensare** (vi, vt)	[pen'sare]
perceber (ver)	**accorgersi** (vr)	[ak'kordʒersi]
perdoar (vt)	**perdonare** (vt)	[perdo'nare]
perguntar (vt)	**chiedere, domandare**	['kjedere], [doman'dare]
permitir (vt)	**permettere** (vt)	[per'mettere]
pertencer a ... (vi)	**appartenere** (vi)	[apparte'nere]
planejar (vt)	**pianificare** (vt)	[pjanifi'kare]
poder (~ fazer algo)	**potere** (v aus)	[po'tere]
possuir (uma casa, etc.)	**possedere** (vt)	[posse'dere]
preferir (vt)	**preferire** (vt)	[prefe'rire]
preparar (vt)	**cucinare** (vi)	[kutʃi'nare]
prever (vt)	**prevedere** (vt)	[preve'dere]
prometer (vt)	**promettere** (vt)	[pro'mettere]
pronunciar (vt)	**pronunciare** (vt)	[pronun'tʃare]

propor (vt)	**proporre** (vt)	[pro'porre]
punir (castigar)	**punire** (vt)	[pu'nire]
quebrar (vt)	**rompere** (vt)	['rompere]
queixar-se de ...	**lamentarsi** (vr)	[lamen'tarsi]
querer (desejar)	**volere** (vt)	[vo'lere]

13. Os verbos mais importantes. Parte 4

ralhar, repreender (vt)	**sgridare** (vt)	[zgri'dare]
recomendar (vt)	**raccomandare** (vt)	[rakkoman'dare]
repetir (dizer outra vez)	**ripetere** (vt)	[ri'petere]
reservar (~ um quarto)	**riservare** (vt)	[rizer'vare]
responder (vt)	**rispondere** (vi, vt)	[ris'pondere]
rezar, orar (vi)	**pregare** (vi, vt)	[pre'gare]
rir (vi)	**ridere** (vi)	['ridere]
roubar (vt)	**rubare** (vt)	[ru'bare]
saber (vt)	**sapere** (vt)	[sa'pere]
sair (~ de casa)	**uscire** (vi)	[u'ʃire]
salvar (resgatar)	**salvare** (vt)	[sal'vare]
seguir (~ alguém)	**seguire** (vt)	[se'gwire]
sentar-se (vr)	**sedersi** (vr)	[se'dersi]
ser necessário	**occorrere**	[ok'korrere]
ser, estar	**essere** (vi)	['essere]
significar (vt)	**significare** (vt)	[siɲifi'kare]
sorrir (vi)	**sorridere** (vi)	[sor'ridere]
subestimar (vt)	**sottovalutare** (vt)	[sottovalu'tare]
surpreender-se (vr)	**stupirsi** (vr)	[stu'pirsi]
tentar (~ fazer)	**tentare** (vt)	[ten'tare]
ter (vt)	**avere** (vt)	[a'vere]
ter fome	**avere fame**	[a'vere 'fame]
ter medo	**avere paura**	[a'vere pa'ura]
ter sede	**avere sete**	[a'vere 'sete]
tocar (com as mãos)	**toccare** (vt)	[tok'kare]
tomar café da manhã	**fare colazione**	['fare kola'tsjone]
trabalhar (vi)	**lavorare** (vi)	[lavo'rare]
traduzir (vt)	**tradurre** (vt)	[tra'durre]
unir (vt)	**unire** (vt)	[u'nire]
vender (vt)	**vendere** (vt)	['vendere]
ver (vt)	**vedere** (vt)	[ve'dere]
virar (~ para a direita)	**girare** (vi)	[dʒi'rare]
voar (vi)	**volare** (vi)	[vo'lare]

14. Cores

cor (f)	**colore** (m)	[ko'lore]
tom (m)	**sfumatura** (f)	[sfuma'tura]

tonalidade (m)	tono (m)	['tono]
arco-íris (m)	arcobaleno (m)	[arkoba'leno]
branco (adj)	bianco	['bjanko]
preto (adj)	nero	['nero]
cinza (adj)	grigio	['gridʒo]
verde (adj)	verde	['verde]
amarelo (adj)	giallo	['dʒallo]
vermelho (adj)	rosso	['rosso]
azul (adj)	blu	['blu]
azul claro (adj)	azzurro	[ad'dzurro]
rosa (adj)	rosa	['roza]
laranja (adj)	arancione	[aran'tʃone]
violeta (adj)	violetto	[vio'letto]
marrom (adj)	marrone	[mar'rone]
dourado (adj)	d'oro	['doro]
prateado (adj)	argenteo	[ar'dʒenteo]
bege (adj)	beige	[beʒ]
creme (adj)	color crema	[ko'lor 'krema]
turquesa (adj)	turchese	[tur'keze]
vermelho cereja (adj)	rosso ciliegia (f)	['rosso tʃi'ljedʒa]
lilás (adj)	lilla	['lilla]
carmim (adj)	rosso lampone	['rosso lam'pone]
claro (adj)	chiaro	['kjaro]
escuro (adj)	scuro	['skuro]
vivo (adj)	vivo, vivido	['vivo], ['vivido]
de cor	colorato	[kolo'rato]
a cores	a colori	[a ko'lori]
preto e branco (adj)	bianco e nero	['bjanko e 'nero]
unicolor (de uma só cor)	in tinta unita	[in 'tinta u'nita]
multicolor (adj)	multicolore	[multiko'lore]

15. Questões

Quem?	Chi?	[ki]
O que?	Che cosa?	[ke 'koza]
Onde?	Dove?	['dove]
Para onde?	Dove?	['dove]
De onde?	Di dove?, Da dove?	[di 'dove], [da 'dove]
Quando?	Quando?	['kwando]
Para quê?	Perché?	[per'ke]
Por quê?	Perché?	[per'ke]
Para quê?	Per che cosa?	[per ke 'koza]
Como?	Come?	['kome]
Qual (~ é o problema?)	Che?	[ke]
Qual (~ deles?)	Quale?	['kwale]
A quem?	A chi?	[a 'ki]

De quem?	Di chi?	[di 'ki]
Do quê?	Di che cosa?	[di ke 'koza]
Com quem?	Con chi?	[kon 'ki]

Quantos? -as?	Quanti?	['kwanti]
Quanto?	Quanto?	['kwanto]
De quem? (masc.)	Di chi?	[di 'ki]

16. Preposições

com (prep.)	con	[kon]
sem (prep.)	senza	['sentsa]
a, para (exprime lugar)	a	[a]
sobre (ex. falar ~)	di	[di]
antes de ...	prima di ...	['prima di]
em frente de ...	di fronte a ...	[di 'fronte a]

debaixo de ...	sotto	['sotto]
sobre (em cima de)	sopra	['sopra]
em ..., sobre ...	su	[su]
de, do (sou ~ Rio de Janeiro)	da, di	[da], [di]
de (feito ~ pedra)	di	[di]

| em (~ 3 dias) | fra ... | [fra] |
| por cima de ... | attraverso | [attra'verso] |

17. Palavras funcionais. Advérbios. Parte 1

Onde?	Dove?	['dove]
aqui	qui	[kwi]
lá, ali	lì	[li]

| em algum lugar | da qualche parte | [da 'kwalke 'parte] |
| em lugar nenhum | da nessuna parte | [da nes'suna 'parte] |

| perto de ... | vicino a ... | [vi'tʃino a] |
| perto da janela | vicino alla finestra | [vi'tʃino 'alla fi'nestra] |

Para onde?	Dove?	['dove]
aqui	di qui	[di kwi]
para lá	ci	[tʃi]
daqui	da qui	[da kwi]
de lá, dali	da lì	[da 'li]

| perto | vicino, accanto | [vi'tʃino], [a'kanto] |
| longe | lontano | [lon'tano] |

perto de ...	vicino a ...	[vi'tʃino a]
à mão, perto	vicino	[vi'tʃino]
não fica longe	non lontano	[non lon'tano]
esquerdo (adj)	sinistro	[si'nistro]
à esquerda	a sinistra	[a si'nistra]

para a esquerda	a sinistra	[a si'nistra]
direito (adj)	destro	['destro]
à direita	a destra	[a 'destra]
para a direita	a destra	[a 'destra]

em frente	davanti	[da'vanti]
da frente	anteriore	[ante'rjore]
adiante (para a frente)	avanti	[a'vanti]

atrás de ...	dietro	['djetro]
de trás	da dietro	[da 'djetro]
para trás	indietro	[in'djetro]

| meio (m), metade (f) | mezzo (m), centro (m) | ['meddzo], ['tʃentro] |
| no meio | in mezzo, al centro | [in 'meddzo], [al 'tʃentro] |

do lado	di fianco	[di 'fjanko]
em todo lugar	dappertutto	[dapper'tutto]
por todos os lados	attorno	[at'torno]

de dentro	da dentro	[da 'dentro]
para algum lugar	da qualche parte	[da 'kwalke 'parte]
diretamente	dritto	['dritto]
de volta	indietro	[in'djetro]

| de algum lugar | da qualsiasi parte | [da kwal'siazi 'parte] |
| de algum lugar | da qualche posto | [da 'kwalke 'posto] |

em primeiro lugar	in primo luogo	[in 'primo lu'ogo]
em segundo lugar	in secondo luogo	[in se'kondo lu'ogo]
em terceiro lugar	in terzo luogo	[in 'tertso lu'ogo]

de repente	all'improvviso	[all improv'vizo]
no início	all'inizio	[all i'nitsio]
pela primeira vez	per la prima volta	[per la 'prima 'volta]
muito antes de ...	molto tempo prima di ...	['molto 'tempo 'prima di]
de novo	di nuovo	[di nu'ovo]
para sempre	per sempre	[per 'sempre]

nunca	mai	[maj]
de novo	ancora	[an'kora]
agora	adesso	[a'desso]
frequentemente	spesso	['spesso]
então	allora	[al'lora]
urgentemente	urgentemente	[urdʒente'mente]
normalmente	di solito	[di 'solito]

a propósito, ...	a proposito, ...	[a pro'pozito]
é possível	è possibile	[e pos'sibile]
provavelmente	probabilmente	[probabil'mente]
talvez	forse	['forse]
além disso, ...	inoltre ...	[i'noltre]
por isso ...	ecco perché ...	['ekko per'ke]
apesar de ...	nonostante	[nono'stante]
graças a ...	grazie a ...	['gratsie a]
que (pron.)	che cosa	[ke 'koza]

que (conj.)	che	[ke]
algo	qualcosa	[kwal'koza]
alguma coisa	qualcosa	[kwal'koza]
nada	niente	['njente]

quem	chi	[ki]
alguém (~ que ...)	qualcuno	[kwal'kuno]
alguém (com ~)	qualcuno	[kwal'kuno]

ninguém	nessuno	[nes'suno]
para lugar nenhum	da nessuna parte	[da nes'suna 'parte]
de ninguém	di nessuno	[di nes'suno]
de alguém	di qualcuno	[di kwal'kuno]

tão	così	[ko'zi]
também (gostaria ~ de ...)	anche	['aŋke]
também (~ eu)	anche, pure	['aŋke], ['pure]

18. Palavras funcionais. Advérbios. Parte 2

Por quê?	Perché?	[per'ke]
por alguma razão	per qualche ragione	[per 'kwalke ra'dʒone]
porque ...	perché ...	[per'ke]
por qualquer razão	per qualche motivo	[per 'kwalke mo'tivo]

e (tu ~ eu)	e	[e]
ou (ser ~ não ser)	o ...	[o]
mas (porém)	ma	[ma]
para (~ a minha mãe)	per	[per]

muito, demais	troppo	['troppo]
só, somente	solo	['solo]
exatamente	esattamente	[ezatta'mente]
cerca de (~ 10 kg)	circa	['tʃirka]

aproximadamente	approssimativamente	[approsimativa'mente]
aproximado (adj)	approssimativo	[approssima'tivo]
quase	quasi	['kwazi]
resto (m)	resto (m)	['resto]

cada (adj)	ogni	['oɲi]
qualquer (adj)	qualsiasi	[kwal'siazi]
muitos, muitas	molti	['molti]
muito	molto	['molto]
muitas pessoas	molta gente	['molta 'dʒente]
todos	tutto, tutti	['tutto], ['tutti]

em troca de ...	in cambio di ...	[in 'kambio di]
em troca	in cambio	[in 'kambio]
à mão	a mano	[a 'mano]
pouco provável	poco probabile	['poko pro'babile]

| provavelmente | probabilmente | [probabil'mente] |
| de propósito | apposta | [ap'posta] |

por acidente	**per caso**	[per 'kazo]
muito	**molto**	['molto]
por exemplo	**per esempio**	[per e'zempjo]
entre	**fra**	[fra]
entre (no meio de)	**fra**	[fra]
tanto	**tanto**	['tanto]
especialmente	**soprattutto**	[sopra'tutto]

Conceitos básicos. Parte 2

19. Dias da semana

segunda-feira (f)	**lunedì** (m)	[lune'di]
terça-feira (f)	**martedì** (m)	[marte'di]
quarta-feira (f)	**mercoledì** (m)	[merkole'di]
quinta-feira (f)	**giovedì** (m)	[dʒove'di]
sexta-feira (f)	**venerdì** (m)	[vener'di]
sábado (m)	**sabato** (m)	['sabato]
domingo (m)	**domenica** (f)	[do'menika]
hoje	**oggi**	['odʒi]
amanhã	**domani**	[do'mani]
depois de amanhã	**dopodomani**	[dopodo'mani]
ontem	**ieri**	['jeri]
anteontem	**l'altro ieri**	['laltro 'jeri]
dia (m)	**giorno** (m)	['dʒorno]
dia (m) de trabalho	**giorno** (m) **lavorativo**	['dʒorno lavora'tivo]
feriado (m)	**giorno** (m) **festivo**	['dʒorno fes'tivo]
dia (m) de folga	**giorno** (m) **di riposo**	['dʒorno di ri'pozo]
fim (m) de semana	**fine** (m) **settimana**	['fine setti'mana]
o dia todo	**tutto il giorno**	['tutto il 'dʒorno]
no dia seguinte	**l'indomani**	[lindo'mani]
há dois dias	**due giorni fa**	['due 'dʒorni fa]
na véspera	**il giorno prima**	[il 'dʒorno 'prima]
diário (adj)	**quotidiano**	[kwoti'djano]
todos os dias	**ogni giorno**	['oɲi 'dʒorno]
semana (f)	**settimana** (f)	[setti'mana]
na semana passada	**la settimana scorsa**	[la setti'mana 'skorsa]
semana que vem	**la settimana prossima**	[la setti'mana 'prossima]
semanal (adj)	**settimanale**	[settima'nale]
toda semana	**ogni settimana**	['oɲi setti'mana]
duas vezes por semana	**due volte alla settimana**	['due 'volte 'alla setti'mana]
toda terça-feira	**ogni martedì**	['oɲi marte'di]

20. Horas. Dia e noite

manhã (f)	**mattina** (f)	[mat'tina]
de manhã	**di mattina**	[di mat'tina]
meio-dia (m)	**mezzogiorno** (m)	[medʣo'dʒorno]
à tarde	**nel pomeriggio**	[nel pome'ridʒo]
tardinha (f)	**sera** (f)	['sera]
à tardinha	**di sera**	[di 'sera]

noite (f)	notte (f)	['notte]
à noite	di notte	[di 'notte]
meia-noite (f)	mezzanotte (f)	[meddza'notte]
segundo (m)	secondo (m)	[se'kondo]
minuto (m)	minuto (m)	[mi'nuto]
hora (f)	ora (f)	['ora]
meia hora (f)	mezzora (f)	[med'dzora]
quarto (m) de hora	un quarto d'ora	[un 'kwarto 'dora]
quinze minutos	quindici minuti	['kwinditʃi mi'nuti]
vinte e quatro horas	ventiquattro ore	[venti'kwattro 'ore]
nascer (m) do sol	levata (f) del sole	[le'vata del 'sole]
amanhecer (m)	alba (f)	['alba]
madrugada (f)	mattutino (m)	[mattu'tino]
pôr-do-sol (m)	tramonto (m)	[tra'monto]
de madrugada	di buon mattino	[di bu'on mat'tino]
esta manhã	stamattina	[stamat'tina]
amanhã de manhã	domattina	[domat'tina]
esta tarde	oggi pomeriggio	['odʒi pome'ridʒo]
à tarde	nel pomeriggio	[nel pome'ridʒo]
amanhã à tarde	domani pomeriggio	[do'mani pome'ridʒo]
esta noite, hoje à noite	stasera	[sta'sera]
amanhã à noite	domani sera	[do'mani 'sera]
às três horas em ponto	alle tre precise	['alle tre pre'tʃize]
por volta das quatro	verso le quattro	['verso le 'kwattro]
às doze	per le dodici	[per le 'doditʃi]
em vinte minutos	fra venti minuti	[fra 'venti mi'nuti]
em uma hora	fra un'ora	[fra un 'ora]
a tempo	puntualmente	[puntual'mente]
... um quarto para	un quarto di ...	[un 'kwarto di]
dentro de uma hora	entro un'ora	['entro un 'ora]
a cada quinze minutos	ogni quindici minuti	['oɲi 'kwinditʃi mi'nuti]
as vinte e quatro horas	giorno e notte	['dʒorno e 'notte]

21. Meses. Estações

janeiro (m)	gennaio (m)	[dʒen'najo]
fevereiro (m)	febbraio (m)	[feb'brajo]
março (m)	marzo (m)	['martso]
abril (m)	aprile (m)	[a'prile]
maio (m)	maggio (m)	['madʒo]
junho (m)	giugno (m)	['dʒuɲo]
julho (m)	luglio (m)	['luʎʎo]
agosto (m)	agosto (m)	[a'gosto]
setembro (m)	settembre (m)	[set'tembre]
outubro (m)	ottobre (m)	[ot'tobre]

novembro (m)	novembre (m)	[no'vembre]
dezembro (m)	dicembre (m)	[di'tʃembre]
primavera (f)	primavera (f)	[prima'vera]
na primavera	in primavera	[in prima'vera]
primaveril (adj)	primaverile	[primave'rile]
verão (m)	estate (f)	[e'state]
no verão	in estate	[in e'state]
de verão	estivo	[e'stivo]
outono (m)	autunno (m)	[au'tunno]
no outono	in autunno	[in au'tunno]
outonal (adj)	autunnale	[autun'nale]
inverno (m)	inverno (m)	[in'verno]
no inverno	in inverno	[in in'verno]
de inverno	invernale	[inver'nale]
mês (m)	mese (m)	['meze]
este mês	questo mese	['kwesto 'meze]
mês que vem	il mese prossimo	[il 'meze 'prossimo]
no mês passado	il mese scorso	[il 'meze 'skorso]
um mês atrás	un mese fa	[un 'meze fa]
em um mês	fra un mese	[fra un 'meze]
em dois meses	fra due mesi	[fra 'due 'mezi]
todo o mês	un mese intero	[un 'meze in'tero]
um mês inteiro	per tutto il mese	[per 'tutto il 'meze]
mensal (adj)	mensile	[men'sile]
mensalmente	mensilmente	[mensil'mente]
todo mês	ogni mese	['oɲi 'meze]
duas vezes por mês	due volte al mese	['due 'volte al 'meze]
ano (m)	anno (m)	['anno]
este ano	quest'anno	[kwest'anno]
ano que vem	l'anno prossimo	['lanno 'prossimo]
no ano passado	l'anno scorso	['lanno 'skorso]
há um ano	un anno fa	[un 'anno fa]
em um ano	fra un anno	[fra un 'anno]
dentro de dois anos	fra due anni	[fra 'due 'anni]
todo o ano	un anno intero	[un 'anno in'tero]
um ano inteiro	per tutto l'anno	[per 'tutto 'lanno]
cada ano	ogni anno	['oɲi 'anno]
anual (adj)	annuale	[annu'ale]
anualmente	annualmente	[annual'mente]
quatro vezes por ano	quattro volte all'anno	['kwattro 'volte all 'anno]
data (~ de hoje)	data (f)	['data]
data (ex. ~ de nascimento)	data (f)	['data]
calendário (m)	calendario (m)	[kalen'dario]
meio ano	mezz'anno (m)	[med'dzanno]
seis meses	semestre (m)	[se'mestre]

| estação (f) | stagione (f) | [sta'dʒone] |
| século (m) | secolo (m) | ['sekolo] |

22. Unidades de medida

peso (m)	peso (m)	['pezo]
comprimento (m)	lunghezza (f)	[lun'gettsa]
largura (f)	larghezza (f)	[lar'gettsa]
altura (f)	altezza (f)	[al'tettsa]
profundidade (f)	profondità (f)	[profondi'ta]
volume (m)	volume (m)	[vo'lume]
área (f)	area (f)	['area]

grama (m)	grammo (m)	['grammo]
miligrama (m)	milligrammo (m)	[milli'grammo]
quilograma (m)	chilogrammo (m)	[kilo'grammo]
tonelada (f)	tonnellata (f)	[tonnel'lata]
libra (453,6 gramas)	libbra (f)	['libbra]
onça (f)	oncia (f)	['ontʃa]

metro (m)	metro (m)	['metro]
milímetro (m)	millimetro (m)	[mil'limetro]
centímetro (m)	centimetro (m)	[tʃen'timetro]
quilômetro (m)	chilometro (m)	[ki'lometro]
milha (f)	miglio (m)	['miʎʎo]

polegada (f)	pollice (m)	['pollitʃe]
pé (304,74 mm)	piede (f)	['pjede]
jarda (914,383 mm)	iarda (f)	[jarda]

| metro (m) quadrado | metro (m) quadro | ['metro 'kwadro] |
| hectare (m) | ettaro (m) | ['ettaro] |

litro (m)	litro (m)	['litro]
grau (m)	grado (m)	['grado]
volt (m)	volt (m)	[volt]
ampère (m)	ampere (m)	[am'pere]
cavalo (m) de potência	cavallo vapore (m)	[ka'vallo va'pore]

quantidade (f)	quantità (f)	[kwanti'ta]
um pouco de ...	un po'di ...	[un po di]
metade (f)	metà (f)	[me'ta]

| dúzia (f) | dozzina (f) | [dod'dzina] |
| peça (f) | pezzo (m) | ['pettso] |

| tamanho (m), dimensão (f) | dimensione (f) | [dimen'sjone] |
| escala (f) | scala (f) | ['skala] |

mínimo (adj)	minimo	['minimo]
menor, mais pequeno	minore	[mi'nore]
médio (adj)	medio	['medio]
máximo (adj)	massimo	['massimo]
maior, mais grande	maggiore	[ma'dʒore]

23. Recipientes

pote (m) de vidro	**barattolo** (m) **di vetro**	[ba'rattolo di 'vetro]
lata (~ de cerveja)	**latta** (f), **lattina** (f)	['latta], [lat'tina]
balde (m)	**secchio** (m)	['sekkio]
barril (m)	**barile** (m), **botte** (f)	[ba'rile], ['botte]
bacia (~ de plástico)	**catino** (m)	[ka'tino]
tanque (m)	**serbatoio** (m)	[serba'tojo]
cantil (m) de bolso	**fiaschetta** (f)	[fias'ketta]
galão (m) de gasolina	**tanica** (f)	['tanika]
cisterna (f)	**cisterna** (f)	[ʧi'sterna]
caneca (f)	**tazza** (f)	['tattsa]
xícara (f)	**tazzina** (f)	[tat'tsina]
pires (m)	**piattino** (m)	[pjat'tino]
copo (m)	**bicchiere** (m)	[bik'kjere]
taça (f) de vinho	**calice** (m)	['kaliʧe]
panela (f)	**casseruola** (f)	[kasseru'ola]
garrafa (f)	**bottiglia** (f)	[bot'tiʎʎa]
gargalo (m)	**collo** (m)	['kollo]
jarra (f)	**caraffa** (f)	[ka'raffa]
jarro (m)	**brocca** (f)	['brokka]
recipiente (m)	**recipiente** (m)	[reʧi'pjente]
pote (m)	**vaso** (m) **di coccio**	['vazo di 'koʧo]
vaso (m)	**vaso** (m)	['vazo]
frasco (~ de perfume)	**boccetta** (f)	[bo'ʧetta]
frasquinho (m)	**fiala** (f)	[fi'ala]
tubo (m)	**tubetto** (m)	[tu'betto]
saco (ex. ~ de açúcar)	**sacco** (m)	['sakko]
sacola (~ plastica)	**sacchetto** (m)	[sak'ketto]
maço (de cigarros, etc.)	**pacchetto** (m)	[pak'ketto]
caixa (~ de sapatos, etc.)	**scatola** (f)	['skatola]
caixote (~ de madeira)	**cassa** (f)	['kassa]
cesto (m)	**cesta** (f)	['ʧesta]

O SER HUMANO

O ser humano. O corpo

24. Cabeça

cabeça (f)	**testa** (f)	['testa]
rosto, cara (f)	**viso** (m)	['vizo]
nariz (m)	**naso** (m)	['nazo]
boca (f)	**bocca** (f)	['bokka]
olho (m)	**occhio** (m)	['okkio]
olhos (m pl)	**occhi** (m pl)	['okki]
pupila (f)	**pupilla** (f)	[pu'pilla]
sobrancelha (f)	**sopracciglio** (m)	[sopra'tʃiʎʎo]
cílio (f)	**ciglio** (m)	['tʃiʎʎo]
pálpebra (f)	**palpebra** (f)	['palpebra]
língua (f)	**lingua** (f)	['lingua]
dente (m)	**dente** (m)	['dente]
lábios (m pl)	**labbra** (f pl)	['labbra]
maçãs (f pl) do rosto	**zigomi** (m pl)	['dzigomi]
gengiva (f)	**gengiva** (f)	[dʒen'dʒiva]
palato (m)	**palato** (m)	[pa'lato]
narinas (f pl)	**narici** (f pl)	[na'ritʃi]
queixo (m)	**mento** (m)	['mento]
mandíbula (f)	**mascella** (f)	[ma'ʃella]
bochecha (f)	**guancia** (f)	['gwantʃa]
testa (f)	**fronte** (f)	['fronte]
têmpora (f)	**tempia** (f)	['tempia]
orelha (f)	**orecchio** (m)	[o'rekkio]
costas (f pl) da cabeça	**nuca** (f)	['nuka]
pescoço (m)	**collo** (m)	['kollo]
garganta (f)	**gola** (f)	['gola]
cabelo (m)	**capelli** (m pl)	[ka'pelli]
penteado (m)	**pettinatura** (f)	[pettina'tura]
corte (m) de cabelo	**taglio** (m)	['taʎʎo]
peruca (f)	**parrucca** (f)	['parrukka]
bigode (m)	**baffi** (m pl)	['baffi]
barba (f)	**barba** (f)	['barba]
ter (~ barba, etc.)	**portare** (vt)	[por'tare]
trança (f)	**treccia** (f)	['tretʃa]
suíças (f pl)	**basette** (f pl)	[ba'zette]
ruivo (adj)	**rosso**	['rosso]
grisalho (adj)	**brizzolato**	[brittso'lato]

| careca (adj) | calvo | ['kalvo] |
| calva (f) | calvizie (f) | [kal'vitsie] |

| rabo-de-cavalo (m) | coda (f) di cavallo | ['koda di ka'vallo] |
| franja (f) | frangetta (f) | [fran'dʒetta] |

25. Corpo humano

| mão (f) | mano (f) | ['mano] |
| braço (m) | braccio (m) | ['bratʃo] |

dedo (m)	dito (m)	['dito]
dedo (m) do pé	dito (m) del piede	['dito del 'pjede]
polegar (m)	pollice (m)	['pollitʃe]
dedo (m) mindinho	mignolo (m)	[mi'ɲolo]
unha (f)	unghia (f)	['ungia]

punho (m)	pugno (m)	['puɲo]
palma (f)	palmo (m)	['palmo]
pulso (m)	polso (m)	['polso]
antebraço (m)	avambraccio (m)	[avam'bratʃo]
cotovelo (m)	gomito (m)	['gomito]
ombro (m)	spalla (f)	['spalla]

perna (f)	gamba (f)	['gamba]
pé (m)	pianta (f) del piede	['pjanta del 'pjede]
joelho (m)	ginocchio (m)	[dʒi'nokkio]
panturrilha (f)	polpaccio (m)	[pol'patʃo]
quadril (m)	anca (f)	['anka]
calcanhar (m)	tallone (m)	[tal'lone]

corpo (m)	corpo (m)	['korpo]
barriga (f), ventre (m)	pancia (f)	['pantʃa]
peito (m)	petto (m)	['petto]
seio (m)	seno (m)	['seno]
lado (m)	fianco (m)	['fjanko]
costas (dorso)	schiena (f)	['skjena]
região (f) lombar	zona (f) lombare	['dzona lom'bare]
cintura (f)	vita (f)	['vita]

umbigo (m)	ombelico (m)	[ombe'liko]
nádegas (f pl)	natiche (f pl)	['natike]
traseiro (m)	sedere (m)	[se'dere]

sinal (m), pinta (f)	neo (m)	['neo]
sinal (m) de nascença	voglia (f)	['voʎʎa]
tatuagem (f)	tatuaggio (m)	[tatu'adʒo]
cicatriz (f)	cicatrice (f)	[tʃika'tritʃe]

Vestuário & Acessórios

26. Roupa exterior. Casacos

roupa (f)	**vestiti** (m pl)	[ve'stiti]
roupa (f) exterior	**soprabito** (m)	[so'prabito]
roupa (f) de inverno	**abiti** (m pl) **invernali**	['abiti inver'nali]
sobretudo (m)	**cappotto** (m)	[kap'potto]
casaco (m) de pele	**pelliccia** (f)	[pel'litʃa]
jaqueta (f) de pele	**pellicciotto** (m)	[pelli'tʃotto]
casaco (m) acolchoado	**piumino** (m)	[pju'mino]
casaco (m), jaqueta (f)	**giubbotto** (m), **giaccha** (f)	[dʒub'botto], ['dʒakka]
impermeável (m)	**impermeabile** (m)	[imperme'abile]
a prova d'água	**impermeabile**	[imperme'abile]

27. Vestuário de homem & mulher

camisa (f)	**camicia** (f)	[ka'mitʃa]
calça (f)	**pantaloni** (m pl)	[panta'loni]
jeans (m)	**jeans** (m pl)	['dʒins]
paletó, terno (m)	**giacca** (f)	['dʒakka]
terno (m)	**abito** (m) **da uomo**	['abito da u'omo]
vestido (ex. ~ de noiva)	**abito** (m)	['abito]
saia (f)	**gonna** (f)	['gonna]
blusa (f)	**camicetta** (f)	[kami'tʃetta]
casaco (m) de malha	**giacca** (f) **a maglia**	['dʒakka a 'maʎʎa]
casaco, blazer (m)	**giacca** (f) **tailleur**	['dʒakka ta'jer]
camiseta (f)	**maglietta** (f)	[maʎ'ʎetta]
short (m)	**pantaloni** (m pl) **corti**	[panta'loni 'korti]
training (m)	**tuta** (f) **sportiva**	['tuta spor'tiva]
roupão (m) de banho	**accappatoio** (m)	[akkappa'tojo]
pijama (m)	**pigiama** (m)	[pi'dʒama]
suéter (m)	**maglione** (m)	[maʎ'ʎone]
pulôver (m)	**pullover** (m)	[pul'lover]
colete (m)	**gilè** (m)	[dʒi'le]
fraque (m)	**frac** (m)	[frak]
smoking (m)	**smoking** (m)	['zmoking]
uniforme (m)	**uniforme** (f)	[uni'forme]
roupa (f) de trabalho	**tuta** (f) **da lavoro**	['tuta da la'voro]
macacão (m)	**salopette** (f)	[salo'pett]
jaleco (m), bata (f)	**camice** (m)	[ka'mitʃe]

28. Vestuário. Roupa interior

roupa (f) íntima	intimo (m)	['intimo]
cueca boxer (f)	boxer briefs (m)	['bokser brifs]
calcinha (f)	mutandina (f)	[mutan'dina]
camiseta (f)	maglietta (f) intima	[maʎ'ʎetta 'intima]
meias (f pl)	calzini (m pl)	[kal'tsini]
camisola (f)	camicia (f) da notte	[ka'mitʃa da 'notte]
sutiã (m)	reggiseno (m)	[redʒi'seno]
meias longas (f pl)	calzini (m pl) alti	[kal'tsini 'alti]
meias-calças (f pl)	collant (m)	[kol'lant]
meias (~ de nylon)	calze (f pl)	['kaltse]
maiô (m)	costume (m) da bagno	[ko'stume da 'baɲo]

29. Adereços de cabeça

chapéu (m), touca (f)	cappello (m)	[kap'pello]
chapéu (m) de feltro	cappello (m) di feltro	[kap'pello di feltro]
boné (m) de beisebol	cappello (m) da baseball	[kap'pello da 'bejzbol]
boina (~ italiana)	coppola (f)	['koppola]
boina (ex. ~ basca)	basco (m)	['basko]
capuz (m)	cappuccio (m)	[kap'putʃo]
chapéu panamá (m)	panama (m)	['panama]
touca (f)	berretto (m) a maglia	[ber'retto a 'maʎʎa]
lenço (m)	fazzoletto (m) da capo	[fattso'letto da 'kapo]
chapéu (m) feminino	cappellino (m) donna	[kappel'lino 'donna]
capacete (m) de proteção	casco (m)	['kasko]
bibico (m)	bustina (f)	[bu'stina]
capacete (m)	casco (m)	['kasko]
chapéu-coco (m)	bombetta (f)	[bom'betta]
cartola (f)	cilindro (m)	[tʃi'lindro]

30. Calçado

calçado (m)	calzature (f pl)	[kaltsa'ture]
botinas (f pl), sapatos (m pl)	stivaletti (m pl)	[stiva'letti]
sapatos (de salto alto, etc.)	scarpe (f pl)	['skarpe]
botas (f pl)	stivali (m pl)	[sti'vali]
pantufas (f pl)	pantofole (f pl)	[pan'tofole]
tênis (~ Nike, etc.)	scarpe (f pl) da tennis	['skarpe da 'tennis]
tênis (~ Converse)	scarpe (f pl) da ginnastica	['skarpe da dʒin'nastika]
sandálias (f pl)	sandali (m pl)	['sandali]
sapateiro (m)	calzolaio (m)	[kaltso'lajo]
salto (m)	tacco (m)	['takko]

par (m)	paio (m)	['pajo]
cadarço (m)	laccio (m)	['latʃo]
amarrar os cadarços	allacciare (vt)	[ala'tʃare]
calçadeira (f)	calzascarpe (m)	[kaltsa'skarpe]
graxa (f) para calçado	lucido (m) per le scarpe	['lutʃido per le 'skarpe]

31. Acessórios pessoais

luva (f)	guanti (m pl)	['gwanti]
mitenes (f pl)	manopole (f pl)	[ma'nopole]
cachecol (m)	sciarpa (f)	['ʃarpa]
óculos (m pl)	occhiali (m pl)	[ok'kjali]
armação (f)	montatura (f)	[monta'tura]
guarda-chuva (m)	ombrello (m)	[om'brello]
bengala (f)	bastone (m)	[ba'stone]
escova (f) para o cabelo	spazzola (f) per capelli	['spattsola per ka'pelli]
leque (m)	ventaglio (m)	[ven'taʎʎo]
gravata (f)	cravatta (f)	[kra'vatta]
gravata-borboleta (f)	cravatta (f) a farfalla	[kra'vatta a far'falla]
suspensórios (m pl)	bretelle (f pl)	[bre'telle]
lenço (m)	fazzoletto (m)	[fattso'letto]
pente (m)	pettine (m)	['pettine]
fivela (f) para cabelo	fermaglio (m)	[fer'maʎʎo]
grampo (m)	forcina (f)	[for'tʃina]
fivela (f)	fibbia (f)	['fibbia]
cinto (m)	cintura (f)	[tʃin'tura]
alça (f) de ombro	spallina (f)	[spal'lina]
bolsa (f)	borsa (f)	['borsa]
bolsa (feminina)	borsetta (f)	[bor'setta]
mochila (f)	zaino (m)	['dzajno]

32. Vestuário. Diversos

moda (f)	moda (f)	['moda]
na moda (adj)	di moda	[di 'moda]
estilista (m)	stilista (m)	[sti'lista]
colarinho (m)	collo (m)	['kollo]
bolso (m)	tasca (f)	['taska]
de bolso	tascabile	[ta'skabile]
manga (f)	manica (f)	['manika]
ganchinho (m)	asola (f) per appendere	['azola per ap'pendere]
bragueta (f)	patta (f)	['patta]
zíper (m)	cerniera (f) lampo	[tʃer'njera 'lampo]
colchete (m)	chiusura (f)	[kju'zura]
botão (m)	bottone (m)	[bot'tone]

botoeira (casa de botão)	occhiello (m)	[ok'kjello]
soltar-se (vr)	staccarsi (vr)	[stak'karsi]

costurar (vi)	cucire (vi, vt)	[ku'tʃire]
bordar (vt)	ricamare (vi, vt)	[rika'mare]
bordado (m)	ricamo (m)	[ri'kamo]
agulha (f)	ago (m)	['ago]
fio, linha (f)	filo (m)	['filo]
costura (f)	cucitura (f)	[kutʃi'tura]

sujar-se (vr)	sporcarsi (vr)	[spor'karsi]
mancha (f)	macchia (f)	['makkia]
amarrotar-se (vr)	sgualcirsi (vr)	[zgwal'tʃirsi]
rasgar (vt)	strappare (vt)	[strap'pare]
traça (f)	tarma (f)	['tarma]

33. Cuidados pessoais. Cosméticos

pasta (f) de dente	dentifricio (m)	[denti'fritʃo]
escova (f) de dente	spazzolino (m) da denti	[spatso'lino da 'denti]
escovar os dentes	lavarsi i denti	[la'varsi i 'denti]

gilete (f)	rasoio (m)	[ra'zojo]
creme (m) de barbear	crema (f) da barba	['krema da 'barba]
barbear-se (vr)	rasarsi (vr)	[ra'zarsi]

sabonete (m)	sapone (m)	[sa'pone]
xampu (m)	shampoo (m)	['ʃampo]

tesoura (f)	forbici (f pl)	['forbitʃi]
lixa (f) de unhas	limetta (f)	[li'metta]
corta-unhas (m)	tagliaunghie (m)	[taʎʎa'ungje]
pinça (f)	pinzette (f pl)	[pin'tsette]

cosméticos (m pl)	cosmetica (f)	[ko'zmetika]
máscara (f)	maschera (f) di bellezza	['maskera di bel'lettsa]
manicure (f)	manicure (m)	[mani'kure]
fazer as unhas	fare la manicure	['fare la mani'kure]
pedicure (f)	pedicure (m)	[pedi'kure]

bolsa (f) de maquiagem	borsa (f) del trucco	['borsa del 'trukko]
pó (de arroz)	cipria (f)	['tʃipria]
pó (m) compacto	portacipria (m)	[porta·'tʃipria]
blush (m)	fard (m)	[far]

perfume (m)	profumo (m)	[pro'fumo]
água-de-colônia (f)	acqua (f) da toeletta	['akwa da toe'letta]
loção (f)	lozione (f)	[lo'tsjone]
colônia (f)	acqua (f) di Colonia	['akwa di ko'lonia]

sombra (f) de olhos	ombretto (m)	[om'bretto]
delineador (m)	eyeliner (m)	[aj'lajner]
máscara (f), rímel (m)	mascara (m)	[ma'skara]
batom (m)	rossetto (m)	[ros'setto]

esmalte (m)	smalto (m)	['zmalto]
laquê (m), spray fixador (m)	lacca (f) per capelli	['lakka per ka'pelli]
desodorante (m)	deodorante (m)	[deodo'rante]
creme (m)	crema (f)	['krema]
creme (m) de rosto	crema (f) per il viso	['krema per il 'vizo]
creme (m) de mãos	crema (f) per le mani	['krema per le 'mani]
creme (m) antirrugas	crema (f) antirughe	['krema anti'ruge]
creme (m) de dia	crema (f) da giorno	['krema da 'dʒorno]
creme (m) de noite	crema (f) da notte	['krema da 'notte]
de dia	da giorno	[da 'dʒorno]
da noite	da notte	[da 'notte]
absorvente (m) interno	tampone (m)	[tam'pone]
papel (m) higiênico	carta (f) igienica	['karta i'dʒenika]
secador (m) de cabelo	fon (m)	[fon]

34. Relógios de pulso. Relógios

relógio (m) de pulso	orologio (m)	[oro'lodʒo]
mostrador (m)	quadrante (m)	[kwa'drante]
ponteiro (m)	lancetta (f)	[lan'tʃetta]
bracelete (em aço)	braccialetto (m)	[bratʃa'letto]
bracelete (em couro)	cinturino (m)	[tʃintu'rino]
pilha (f)	pila (f)	['pila]
acabar (vi)	essere scarico	['essere 'skariko]
trocar a pilha	cambiare la pila	[kam'bjare la 'pila]
estar adiantado	andare avanti	[an'dare a'vanti]
estar atrasado	andare indietro	[an'dare in'djetro]
relógio (m) de parede	orologio (m) da muro	[oro'lodʒo da 'muro]
ampulheta (f)	clessidra (f)	['klessidra]
relógio (m) de sol	orologio (m) solare	[oro'lodʒo so'lare]
despertador (m)	sveglia (f)	['zveʎʎa]
relojoeiro (m)	orologiaio (m)	[orolo'dʒajo]
reparar (vt)	riparare (vt)	[ripa'rare]

Alimentação. Nutrição

35. Comida

carne (f)	carne (f)	['karne]
galinha (f)	pollo (m)	['pollo]
frango (m)	pollo (m) novello	['pollo no'vello]
pato (m)	anatra (f)	['anatra]
ganso (m)	oca (f)	['oka]
caça (f)	cacciagione (f)	[katʃa'dʒone]
peru (m)	tacchino (m)	[tak'kino]
carne (f) de porco	maiale (m)	[ma'jale]
carne (f) de vitela	vitello (m)	[vi'tello]
carne (f) de carneiro	agnello (m)	[a'ɲello]
carne (f) de vaca	manzo (m)	['mandzo]
carne (f) de coelho	coniglio (m)	[ko'niʎʎo]
linguiça (f), salsichão (m)	salame (m)	[sa'lame]
salsicha (f)	würstel (m)	['vyrstel]
bacon (m)	pancetta (f)	[pan'tʃetta]
presunto (m)	prosciutto (m)	[pro'ʃutto]
pernil (m) de porco	prosciutto (m) affumicato	[pro'ʃutto affumi'kato]
patê (m)	pâté (m)	[pa'te]
fígado (m)	fegato (m)	['fegato]
guisado (m)	carne (f) trita	['karne 'trita]
língua (f)	lingua (f)	['lingua]
ovo (m)	uovo (m)	[u'ovo]
ovos (m pl)	uova (f pl)	[u'ova]
clara (f) de ovo	albume (m)	[al'bume]
gema (f) de ovo	tuorlo (m)	[tu'orlo]
peixe (m)	pesce (m)	['peʃe]
mariscos (m pl)	frutti (m pl) di mare	['frutti di 'mare]
crustáceos (m pl)	crostacei (m pl)	[kro'statʃei]
caviar (m)	caviale (m)	[ka'vjale]
caranguejo (m)	granchio (m)	['graŋkio]
camarão (m)	gamberetto (m)	[gambe'retto]
ostra (f)	ostrica (f)	['ostrika]
lagosta (f)	aragosta (f)	[ara'gosta]
polvo (m)	polpo (m)	['polpo]
lula (f)	calamaro (m)	[kala'maro]
esturjão (m)	storione (m)	[sto'rjone]
salmão (m)	salmone (m)	[sal'mone]
halibute (m)	ippoglosso (m)	[ippo'glosso]
bacalhau (m)	merluzzo (m)	[mer'luttso]

cavala, sarda (f)	scombro (m)	['skombro]
atum (m)	tonno (m)	['tonno]
enguia (f)	anguilla (f)	[an'gwilla]
truta (f)	trota (f)	['trota]
sardinha (f)	sardina (f)	[sar'dina]
lúcio (m)	luccio (m)	['lutʃo]
arenque (m)	aringa (f)	[a'ringa]
pão (m)	pane (m)	['pane]
queijo (m)	formaggio (m)	[for'madʒo]
açúcar (m)	zucchero (m)	['dzukkero]
sal (m)	sale (m)	['sale]
arroz (m)	riso (m)	['rizo]
massas (f pl)	pasta (f)	['pasta]
talharim, miojo (m)	tagliatelle (f pl)	[taʎʎa'telle]
manteiga (f)	burro (m)	['burro]
óleo (m) vegetal	olio (m) vegetale	['oljo vedʒe'tale]
óleo (m) de girassol	olio (m) di girasole	['oljo di dʒira'sole]
margarina (f)	margarina (f)	[marga'rina]
azeitonas (f pl)	olive (f pl)	[o'live]
azeite (m)	olio (m) d'oliva	['oljo do'liva]
leite (m)	latte (m)	['latte]
leite (m) condensado	latte (m) condensato	['latte konden'sato]
iogurte (m)	yogurt (m)	['jogurt]
creme (m) azedo	panna (f) acida	['panna 'atʃida]
creme (m) de leite	panna (f)	['panna]
maionese (f)	maionese (m)	[majo'neze]
creme (m)	crema (f)	['krema]
grãos (m pl) de cereais	cereali (m pl)	[tʃere'ali]
farinha (f)	farina (f)	[fa'rina]
enlatados (m pl)	cibi (m pl) in scatola	['tʃibi in 'skatola]
flocos (m pl) de milho	fiocchi (m pl) di mais	['fjokki di 'mais]
mel (m)	miele (m)	['mjele]
geleia (m)	marmellata (f)	[marmel'lata]
chiclete (m)	gomma (f) da masticare	['gomma da masti'kare]

36. Bebidas

água (f)	acqua (f)	['akwa]
água (f) potável	acqua (f) potabile	['akwa po'tabile]
água (f) mineral	acqua (f) minerale	['akwa mine'rale]
sem gás (adj)	liscia, non gassata	['liʃa], [non gas'sata]
gaseificada (adj)	gassata	[gas'sata]
com gás	frizzante	[frid'dzante]
gelo (m)	ghiaccio (m)	['gjatʃo]

com gelo	con ghiaccio	[kon 'gjatʃo]
não alcoólico (adj)	analcolico	[anal'koliko]
refrigerante (m)	bevanda (f) analcolica	[be'vanda anal'kolika]
refresco (m)	bibita (f)	['bibita]
limonada (f)	limonata (f)	[limo'nata]

bebidas (f pl) alcoólicas	bevande (f pl) alcoliche	[be'vande al'kolike]
vinho (m)	vino (m)	['vino]
vinho (m) branco	vino (m) bianco	['vino 'bjanko]
vinho (m) tinto	vino (m) rosso	['vino 'rosso]

licor (m)	liquore (m)	[li'kwore]
champanhe (m)	champagne (m)	[ʃam'paɲ]
vermute (m)	vermouth (m)	['vermut]

uísque (m)	whisky	['wiski]
vodca (f)	vodka (f)	['vodka]
gim (m)	gin (m)	[dʒin]
conhaque (m)	cognac (m)	['koɲak]
rum (m)	rum (m)	[rum]

café (m)	caffè (m)	[kafʼfe]
café (m) preto	caffè (m) nero	[kafʼfe 'nero]
café (m) com leite	caffè latte (m)	[kafʼfe 'latte]
cappuccino (m)	cappuccino (m)	[kappu'tʃino]
café (m) solúvel	caffè (m) solubile	[kafʼfe so'lubile]

leite (m)	latte (m)	['latte]
coquetel (m)	cocktail (m)	['koktejl]
batida (f), milkshake (m)	frullato (m)	[frul'lato]

suco (m)	succo (m)	['sukko]
suco (m) de tomate	succo (m) di pomodoro	['sukko di pomo'doro]
suco (m) de laranja	succo (m) d'arancia	['sukko da'rantʃa]
suco (m) fresco	spremuta (f)	[spre'muta]

cerveja (f)	birra (f)	['birra]
cerveja (f) clara	birra (f) chiara	['birra 'kjara]
cerveja (f) preta	birra (f) scura	['birra 'skura]

chá (m)	tè (m)	[te]
chá (m) preto	tè (m) nero	[te 'nero]
chá (m) verde	tè (m) verde	[te 'verde]

37. Vegetais

| vegetais (m pl) | ortaggi (m pl) | [or'tadʒi] |
| verdura (f) | verdura (f) | [ver'dura] |

tomate (m)	pomodoro (m)	[pomo'doro]
pepino (m)	cetriolo (m)	[tʃetri'olo]
cenoura (f)	carota (f)	[ka'rota]
batata (f)	patata (f)	[pa'tata]
cebola (f)	cipolla (f)	[tʃi'polla]

alho (m)	aglio (m)	['aʎʎo]
couve (f)	cavolo (m)	['kavolo]
couve-flor (f)	cavolfiore (m)	[kavol'fjore]
couve-de-bruxelas (f)	cavoletti (m pl) di Bruxelles	[kavo'letti di bruk'sel]
brócolis (m pl)	broccolo (m)	['brokkolo]
beterraba (f)	barbabietola (f)	[barba'bjetola]
berinjela (f)	melanzana (f)	[melan'tsana]
abobrinha (f)	zucchina (f)	[ʣuk'kina]
abóbora (f)	zucca (f)	['ʣukka]
nabo (m)	rapa (f)	['rapa]
salsa (f)	prezzemolo (m)	[pret'tsemolo]
endro, aneto (m)	aneto (m)	[a'neto]
alface (f)	lattuga (f)	[lat'tuga]
aipo (m)	sedano (m)	['sedano]
aspargo (m)	asparago (m)	[a'sparago]
espinafre (m)	spinaci (m pl)	[spi'natʃi]
ervilha (f)	pisello (m)	[pi'zello]
feijão (~ soja, etc.)	fave (f pl)	['fave]
milho (m)	mais (m)	['mais]
feijão (m) roxo	fagiolo (m)	[fa'ʤolo]
pimentão (m)	peperone (m)	[pepe'rone]
rabanete (m)	ravanello (m)	[rava'nello]
alcachofra (f)	carciofo (m)	[kar'tʃofo]

38. Frutos. Nozes

fruta (f)	frutto (m)	['frutto]
maçã (f)	mela (f)	['mela]
pera (f)	pera (f)	['pera]
limão (m)	limone (m)	[li'mone]
laranja (f)	arancia (f)	[a'rantʃa]
morango (m)	fragola (f)	['fragola]
tangerina (f)	mandarino (m)	[manda'rino]
ameixa (f)	prugna (f)	['pruɲa]
pêssego (m)	pesca (f)	['peska]
damasco (m)	albicocca (f)	[albi'kokka]
framboesa (f)	lampone (m)	[lam'pone]
abacaxi (m)	ananas (m)	[ana'nas]
banana (f)	banana (f)	[ba'nana]
melancia (f)	anguria (f)	[an'guria]
uva (f)	uva (f)	['uva]
ginja (f)	amarena (f)	[ama'rena]
cereja (f)	ciliegia (f)	[tʃi'ljeʤa]
melão (m)	melone (m)	[me'lone]
toranja (f)	pompelmo (m)	[pom'pelmo]
abacate (m)	avocado (m)	[avo'kado]
mamão (m)	papaia (f)	[pa'paja]

manga (f)	mango (m)	['mango]
romã (f)	melagrana (f)	[mela'grana]

groselha (f) vermelha	ribes (m) rosso	['ribes 'rosso]
groselha (f) negra	ribes (m) nero	['ribes 'nero]
groselha (f) espinhosa	uva (f) spina	['uva 'spina]
mirtilo (m)	mirtillo (m)	[mir'tillo]
amora (f) silvestre	mora (f)	['mora]

passa (f)	uvetta (f)	[u'vetta]
figo (m)	fico (m)	['fiko]
tâmara (f)	dattero (m)	['dattero]

amendoim (m)	arachide (f)	[a'rakide]
amêndoa (f)	mandorla (f)	['mandorla]
noz (f)	noce (f)	['notʃe]
avelã (f)	nocciola (f)	[no'tʃola]
coco (m)	noce (f) di cocco	['notʃe di 'kokko]
pistaches (m pl)	pistacchi (m pl)	[pi'stakki]

39. Pão. Bolaria

pastelaria (f)	pasticceria (f)	[pastitʃe'ria]
pão (m)	pane (m)	['pane]
biscoito (m), bolacha (f)	biscotti (m pl)	[bi'skotti]

chocolate (m)	cioccolato (m)	[tʃokko'lato]
de chocolate	al cioccolato	[al tʃokko'lato]
bala (f)	caramella (f)	[kara'mella]
doce (bolo pequeno)	tortina (f)	[tor'tina]
bolo (m) de aniversário	torta (f)	['torta]

torta (f)	crostata (f)	[kro'stata]
recheio (m)	ripieno (m)	[ri'pjeno]

geleia (m)	marmellata (f)	[marmel'lata]
marmelada (f)	marmellata (f) di agrumi	[marmel'lata di a'grumi]
wafers (m pl)	wafer (m)	['vafer]
sorvete (m)	gelato (m)	[dʒe'lato]
pudim (m)	budino (m)	[bu'dino]

40. Pratos cozinhados

prato (m)	piatto (m)	['pjatto]
cozinha (~ portuguesa)	cucina (f)	[ku'tʃina]
receita (f)	ricetta (f)	[ri'tʃetta]
porção (f)	porzione (f)	[por'tsjone]

salada (f)	insalata (f)	[insa'lata]
sopa (f)	minestra (f)	[mi'nestra]
caldo (m)	brodo (m)	['brodo]
sanduíche (m)	panino (m)	[pa'nino]

ovos (m pl) fritos	uova (f pl) al tegamino	[u'ova al tega'mino]
hambúrguer (m)	hamburger (m)	[am'burger]
bife (m)	bistecca (f)	[bi'stekka]
acompanhamento (m)	contorno (m)	[kon'torno]
espaguete (m)	spaghetti (m pl)	[spa'getti]
purê (m) de batata	purè (m) di patate	[pu're di pa'tate]
pizza (f)	pizza (f)	['pittsa]
mingau (m)	porridge (m)	[por'ridʒe]
omelete (f)	frittata (f)	[frit'tata]
fervido (adj)	bollito	[bol'lito]
defumado (adj)	affumicato	[affumi'kato]
frito (adj)	fritto	['fritto]
seco (adj)	secco	['sekko]
congelado (adj)	congelato	[kondʒe'lato]
em conserva (adj)	sottoaceto	[sottoa'tʃeto]
doce (adj)	dolce	['doltʃe]
salgado (adj)	salato	[sa'lato]
frio (adj)	freddo	['freddo]
quente (adj)	caldo	['kaldo]
amargo (adj)	amaro	[a'maro]
gostoso (adj)	buono, gustoso	[bu'ono], [gu'stozo]
cozinhar em água fervente	cuocere, preparare (vt)	[ku'otʃere], [prepa'rare]
preparar (vt)	cucinare (vi)	[kutʃi'nare]
fritar (vt)	friggere (vt)	['fridʒere]
aquecer (vt)	riscaldare (vt)	[riskal'dare]
salgar (vt)	salare (vt)	[sa'lare]
apimentar (vt)	pepare (vt)	[pe'pare]
ralar (vt)	grattugiare (vt)	[grattu'dʒare]
casca (f)	buccia (f)	['butʃa]
descascar (vt)	sbucciare (vt)	[zbu'tʃare]

41. Especiarias

sal (m)	sale (m)	['sale]
salgado (adj)	salato	[sa'lato]
salgar (vt)	salare (vt)	[sa'lare]
pimenta-do-reino (f)	pepe (m) nero	['pepe 'nero]
pimenta (f) vermelha	peperoncino (m)	[peperon'tʃino]
mostarda (f)	senape (f)	[se'nape]
raiz-forte (f)	cren (m)	['kren]
condimento (m)	condimento (m)	[kondi'mento]
especiaria (f)	spezie (f pl)	['spetsie]
molho (~ inglês)	salsa (f)	['salsa]
vinagre (m)	aceto (m)	[a'tʃeto]
anis estrelado (m)	anice (m)	['anitʃe]
manjericão (m)	basilico (m)	[ba'ziliko]

cravo (m)	chiodi (m pl) di garofano	['kjodi di ga'rofano]
gengibre (m)	zenzero (m)	['dzendzero]
coentro (m)	coriandolo (m)	[kori'andolo]
canela (f)	cannella (f)	[kan'nella]

gergelim (m)	sesamo (m)	[sezamo]
folha (f) de louro	alloro (m)	[al'loro]
páprica (f)	paprica (f)	['paprika]
cominho (m)	cumino, comino (m)	[ku'mino], [ko'mino]
açafrão (m)	zafferano (m)	[dzaffe'rano]

42. Refeições

| comida (f) | cibo (m) | ['tʃibo] |
| comer (vt) | mangiare (vi, vt) | [man'dʒare] |

café (m) da manhã	colazione (f)	[kola'tsjone]
tomar café da manhã	fare colazione	['fare kola'tsjone]
almoço (m)	pranzo (m)	['prantso]
almoçar (vi)	pranzare (vi)	[pran'tsare]
jantar (m)	cena (f)	['tʃena]
jantar (vi)	cenare (vi)	[tʃe'nare]

| apetite (m) | appetito (m) | [appe'tito] |
| Bom apetite! | Buon appetito! | [bu'on appe'tito] |

abrir (~ uma lata, etc.)	aprire (vt)	[a'prire]
derramar (~ líquido)	rovesciare (vt)	[rove'ʃare]
derramar-se (vr)	rovesciarsi (vi)	[rove'ʃarsi]

ferver (vi)	bollire (vi)	[bol'lire]
ferver (vt)	far bollire	[far bol'lire]
fervido (adj)	bollito	[bol'lito]

| esfriar (vt) | raffreddare (vt) | [raffred'dare] |
| esfriar-se (vr) | raffreddarsi (vr) | [raffred'darsi] |

| sabor, gosto (m) | gusto (m) | ['gusto] |
| fim (m) de boca | retrogusto (m) | [retro'gusto] |

emagrecer (vi)	essere a dieta	['essere a di'eta]
dieta (f)	dieta (f)	[di'eta]
vitamina (f)	vitamina (f)	[vita'mina]
caloria (f)	caloria (f)	[kalo'ria]

| vegetariano (m) | vegetariano (m) | [vedʒeta'rjano] |
| vegetariano (adj) | vegetariano | [vedʒeta'rjano] |

gorduras (f pl)	grassi (m pl)	['grassi]
proteínas (f pl)	proteine (f pl)	[prote'ine]
carboidratos (m pl)	carboidrati (m pl)	[karboi'drati]
fatia (~ de limão, etc.)	fetta (f), fettina (f)	['fetta], [fet'tina]
pedaço (~ de bolo)	pezzo (m)	['pettso]
migalha (f), farelo (m)	briciola (f)	['britʃola]

43. Por a mesa

colher (f)	cucchiaio (m)	[kuk'kjajo]
faca (f)	coltello (m)	[kol'tello]
garfo (m)	forchetta (f)	[for'ketta]

xícara (f)	tazza (f)	['tattsa]
prato (m)	piatto (m)	['pjatto]
pires (m)	piattino (m)	[pjat'tino]
guardanapo (m)	tovagliolo (m)	[tovaʎ'ʎolo]
palito (m)	stuzzicadenti (m)	[stuttsika'denti]

44. Restaurante

restaurante (m)	ristorante (m)	[risto'rante]
cafeteria (f)	caffè (m)	[kaf'fe]
bar (m), cervejaria (f)	pub (m), bar (m)	[pab], [bar]
salão (m) de chá	sala (f) da tè	['sala da 'te]

garçom (m)	cameriere (m)	[kame'rjere]
garçonete (f)	cameriera (f)	[kame'rjera]
barman (m)	barista (m)	[ba'rista]

cardápio (m)	menù (m)	[me'nu]
lista (f) de vinhos	lista (f) dei vini	['lista 'dei 'vini]
reservar uma mesa	prenotare un tavolo	[preno'tare un 'tavolo]

prato (m)	piatto (m)	['pjatto]
pedir (vt)	ordinare (vt)	[ordi'nare]
fazer o pedido	fare un'ordinazione	['fare unordina'tsjone]

aperitivo (m)	aperitivo (m)	[aperi'tivo]
entrada (f)	antipasto (m)	[anti'pasto]
sobremesa (f)	dolce (m)	['doltʃe]

conta (f)	conto (m)	['konto]
pagar a conta	pagare il conto	[pa'gare il 'konto]
dar o troco	dare il resto	['dare il 'resto]
gorjeta (f)	mancia (f)	['mantʃa]

Família, parentes e amigos

45. Informação pessoal. Formulários

nome (m)	nome (m)	['nome]
sobrenome (m)	cognome (m)	[ko'ɲome]
data (f) de nascimento	data (f) di nascita	['data di 'naʃita]
local (m) de nascimento	luogo (m) di nascita	[lu'ogo di 'naʃita]
nacionalidade (f)	nazionalità (f)	[natsjonali'ta]
lugar (m) de residência	domicilio (m)	[domi'tʃilio]
país (m)	paese (m)	[pa'eze]
profissão (f)	professione (f)	[profes'sjone]
sexo (m)	sesso (m)	['sesso]
estatura (f)	statura (f)	[sta'tura]
peso (m)	peso (m)	['pezo]

46. Membros da família. Parentes

mãe (f)	madre (f)	['madre]
pai (m)	padre (m)	['padre]
filho (m)	figlio (m)	['fiʎʎo]
filha (f)	figlia (f)	['fiʎʎa]
caçula (f)	figlia (f) minore	['fiʎʎa mi'nore]
caçula (m)	figlio (m) minore	['fiʎʎo mi'nore]
filha (f) mais velha	figlia (f) maggiore	['fiʎʎa ma'dʒore]
filho (m) mais velho	figlio (m) maggiore	['fiʎʎo ma'dʒore]
irmão (m)	fratello (m)	[fra'tello]
irmã (f)	sorella (f)	[so'rella]
primo (m)	cugino (m)	[ku'dʒino]
prima (f)	cugina (f)	[ku'dʒina]
mamãe (f)	mamma (f)	['mamma]
papai (m)	papà (m)	[pa'pa]
pais (pl)	genitori (m pl)	[dʒeni'tori]
criança (f)	bambino (m)	[bam'bino]
crianças (f pl)	bambini (m pl)	[bam'bini]
avó (f)	nonna (f)	['nonna]
avô (m)	nonno (m)	['nonno]
neto (m)	nipote (m)	[ni'pote]
neta (f)	nipote (f)	[ni'pote]
netos (pl)	nipoti (pl)	[ni'poti]
tio (m)	zio (m)	['tsio]
tia (f)	zia (f)	['tsia]

sobrinho (m)	nipote (m)	[ni'pote]
sobrinha (f)	nipote (f)	[ni'pote]
sogra (f)	suocera (f)	[su'otʃera]
sogro (m)	suocero (m)	[su'otʃero]
genro (m)	genero (m)	['dʒenero]
madrasta (f)	matrigna (f)	[ma'triɲa]
padrasto (m)	patrigno (m)	[pa'triɲo]
criança (f) de colo	neonato (m)	[neo'nato]
bebê (m)	infante (m)	[in'fante]
menino (m)	bimbo (m)	['bimbo]
mulher (f)	moglie (f)	['moʎʎe]
marido (m)	marito (m)	[ma'rito]
esposo (m)	coniuge (m)	['konjudʒe]
esposa (f)	coniuge (f)	['konjudʒe]
casado (adj)	sposato	[spo'zato]
casada (adj)	sposata	[spo'zata]
solteiro (adj)	celibe	['tʃelibe]
solteirão (m)	scapolo (m)	['skapolo]
divorciado (adj)	divorziato	[divortsi'ato]
viúva (f)	vedova (f)	['vedova]
viúvo (m)	vedovo (m)	['vedovo]
parente (m)	parente (m)	[pa'rente]
parente (m) próximo	parente (m) stretto	[pa'rente 'stretto]
parente (m) distante	parente (m) lontano	[pa'rente lon'tano]
parentes (m pl)	parenti (m pl)	[pa'renti]
órfão (m)	orfano (m)	['orfano]
órfã (f)	orfana (f)	['orfana]
tutor (m)	tutore (m)	[tu'tore]
adotar (um filho)	adottare (vt)	[adot'tare]
adotar (uma filha)	adottare (vt)	[adot'tare]

Medicina

47. Doenças

doença (f)	malattia (f)	[malat'tia]
estar doente	essere malato	['essere ma'lato]
saúde (f)	salute (f)	[sa'lute]
nariz (m) escorrendo	raffreddore (m)	[raffred'dore]
amigdalite (f)	tonsillite (f)	[tonsil'lite]
resfriado (m)	raffreddore (m)	[raffred'dore]
ficar resfriado	raffreddarsi (vr)	[raffred'darsi]
bronquite (f)	bronchite (f)	[bron'kite]
pneumonia (f)	polmonite (f)	[polmo'nite]
gripe (f)	influenza (f)	[influ'entsa]
míope (adj)	miope	['miope]
presbita (adj)	presbite	['prezbite]
estrabismo (m)	strabismo (m)	[stra'bizmo]
estrábico, vesgo (adj)	strabico	['strabiko]
catarata (f)	cateratta (f)	[kate'ratta]
glaucoma (m)	glaucoma (m)	[glau'koma]
AVC (m), apoplexia (f)	ictus (m) cerebrale	['iktus ʧere'brale]
ataque (m) cardíaco	attacco (m) di cuore	[at'tako di ku'ore]
enfarte (m) do miocárdio	infarto (m) miocardico	[in'farto miokar'diko]
paralisia (f)	paralisi (f)	[pa'ralizi]
paralisar (vt)	paralizzare (vt)	[paralid'dzare]
alergia (f)	allergia (f)	[aller'dʒia]
asma (f)	asma (f)	['azma]
diabetes (f)	diabete (m)	[dia'bete]
dor (f) de dente	mal (m) di denti	[mal di 'denti]
cárie (f)	carie (f)	['karie]
diarreia (f)	diarrea (f)	[diar'rea]
prisão (f) de ventre	stitichezza (f)	[stiti'kettsa]
desarranjo (m) intestinal	disturbo (m) gastrico	[di'sturbo 'gastriko]
intoxicação (f) alimentar	intossicazione (f) alimentare	[intossika'tsjone alimen'tare]
intoxicar-se	intossicarsi (vr)	[intossi'karsi]
artrite (f)	artrite (f)	[ar'trite]
raquitismo (m)	rachitide (f)	[ra'kitide]
reumatismo (m)	reumatismo (m)	[reuma'tizmo]
arteriosclerose (f)	aterosclerosi (f)	[ateroskle'rozi]
gastrite (f)	gastrite (f)	[ga'strite]
apendicite (f)	appendicite (f)	[appendi'ʧite]

colecistite (f)	colecistite (f)	[koletʃi'stite]
úlcera (f)	ulcera (f)	['ultʃera]

sarampo (m)	morbillo (m)	[mor'billo]
rubéola (f)	rosolia (f)	[rozo'lia]
icterícia (f)	itterizia (f)	[itte'ritsia]
hepatite (f)	epatite (f)	[epa'tite]

esquizofrenia (f)	schizofrenia (f)	[skidzofre'nia]
raiva (f)	rabbia (f)	['rabbia]
neurose (f)	nevrosi (f)	[ne'vrozi]
contusão (f) cerebral	commozione (f) cerebrale	[kommo'tsjone tʃere'brale]

câncer (m)	cancro (m)	['kankro]
esclerose (f)	sclerosi (f)	[skle'rozi]
esclerose (f) múltipla	sclerosi (f) multipla	[skle'rozi 'multipla]

alcoolismo (m)	alcolismo (m)	[alko'lizmo]
alcoólico (m)	alcolizzato (m)	[alkolid'dzato]
sífilis (f)	sifilide (f)	[si'filide]
AIDS (f)	AIDS (m)	['aids]

tumor (m)	tumore (m)	[tu'more]
maligno (adj)	maligno	[ma'liɲo]
benigno (adj)	benigno	[be'niɲo]
febre (f)	febbre (f)	['febbre]
malária (f)	malaria (f)	[ma'laria]
gangrena (f)	cancrena (f)	[kan'krena]
enjoo (m)	mal (m) di mare	[mal di 'mare]
epilepsia (f)	epilessia (f)	[epiles'sia]

epidemia (f)	epidemia (f)	[epide'mia]
tifo (m)	tifo (m)	['tifo]
tuberculose (f)	tubercolosi (f)	[tuberko'lozi]
cólera (f)	colera (m)	[ko'lera]
peste (f) bubônica	peste (f)	['peste]

48. Sintomas. Tratamentos. Parte 1

sintoma (m)	sintomo (m)	['sintomo]
temperatura (f)	temperatura (f)	[tempera'tura]
febre (f)	febbre (f) alta	['febbre 'alta]
pulso (m)	polso (m)	['polso]

vertigem (f)	capogiro (m)	[kapo'dʒiro]
quente (testa, etc.)	caldo	['kaldo]
calafrio (m)	brivido (m)	['brivido]
pálido (adj)	pallido	['pallido]

tosse (f)	tosse (f)	['tosse]
tossir (vi)	tossire (vi)	[tos'sire]
espirrar (vi)	starnutire (vi)	[starnu'tire]
desmaio (m)	svenimento (m)	[zveni'mento]
desmaiar (vi)	svenire (vi)	[zve'nire]

mancha (f) preta	livido (m)	['livido]
galo (m)	bernoccolo (m)	[ber'nokkolo]
machucar-se (vr)	farsi un livido	['farsi un 'livido]
contusão (f)	contusione (f)	[kontu'zjone]
machucar-se (vr)	farsi male	['farsi 'male]
mancar (vi)	zoppicare (vi)	[dzoppi'kare]
deslocamento (f)	slogatura (f)	[zloga'tura]
deslocar (vt)	slogarsi (vr)	[zlo'garsi]
fratura (f)	frattura (f)	[frat'tura]
fraturar (vt)	fratturarsi (vr)	[frattu'rarsi]
corte (m)	taglio (m)	['taʎʎo]
cortar-se (vr)	tagliarsi (vr)	[taʎ'ʎarsi]
hemorragia (f)	emorragia (f)	[emorra'dʒia]
queimadura (f)	scottatura (f)	[skotta'tura]
queimar-se (vr)	scottarsi (vr)	[skot'tarsi]
picar (vt)	pungere (vt)	['pundʒere]
picar-se (vr)	pungersi (vr)	['pundʒersi]
lesionar (vt)	ferire (vt)	[fe'rire]
lesão (m)	ferita (f)	[fe'rita]
ferida (f), ferimento (m)	lesione (f)	[le'zjone]
trauma (m)	trauma (m)	['trauma]
delirar (vi)	delirare (vi)	[deli'rare]
gaguejar (vi)	tartagliare (vi)	[tartaʎ'ʎare]
insolação (f)	colpo (m) di sole	['kolpo di 'sole]

49. Sintomas. Tratamentos. Parte 2

dor (f)	dolore (m), male (m)	[do'lore], ['male]
farpa (no dedo, etc.)	scheggia (f)	['skedʒa]
suor (m)	sudore (m)	[su'dore]
suar (vi)	sudare (vi)	[su'dare]
vômito (m)	vomito (m)	['vomito]
convulsões (f pl)	convulsioni (f pl)	[konvul'sjoni]
grávida (adj)	incinta	[in'tʃinta]
nascer (vi)	nascere (vi)	['naʃere]
parto (m)	parto (m)	['parto]
dar à luz	essere in travaglio	['essere in tra'vaʎʎo]
aborto (m)	aborto (m)	[a'borto]
respiração (f)	respirazione (f)	[respira'tsjone]
inspiração (f)	inspirazione (f)	[inspira'tsjone]
expiração (f)	espirazione (f)	[espira'tsjone]
expirar (vi)	espirare (vi)	[espi'rare]
inspirar (vi)	inspirare (vi)	[inspi'rare]
inválido (m)	invalido (m)	[in'valido]
aleijado (m)	storpio (m)	['storpjo]

drogado (m)	battaglia (f)	[bat'taʎʎa]
surdo (adj)	sordo	['sordo]
mudo (adj)	muto	['muto]
surdo-mudo (adj)	sordomuto	[sordo'muto]

louco, insano (adj)	matto	['matto]
louco (m)	matto (m)	['matto]
louca (f)	matta (f)	['matta]
ficar louco	impazzire (vi)	[impat'tsire]

gene (m)	gene (m)	['dʒene]
imunidade (f)	immunità (f)	[immuni'ta]
hereditário (adj)	ereditario	[eredi'tario]
congênito (adj)	innato	[in'nato]

vírus (m)	virus (m)	['virus]
micróbio (m)	microbo (m)	['mikrobo]
bactéria (f)	batterio (m)	[bat'terio]
infecção (f)	infezione (f)	[infe'tsjone]

50. Sintomas. Tratamentos. Parte 3

| hospital (m) | ospedale (m) | [ospe'dale] |
| paciente (m) | paziente (m) | [pa'tsjente] |

diagnóstico (m)	diagnosi (f)	[di'aɲozi]
cura (f)	cura (f)	['kura]
tratamento (m) médico	trattamento (m)	[tratta'mento]
curar-se (vr)	curarsi (vr)	[ku'rarsi]
tratar (vt)	curare (vt)	[ku'rare]
cuidar (pessoa)	accudire	[akku'dire]
cuidado (m)	assistenza (f)	[assi'stentsa]

operação (f)	operazione (f)	[opera'tsjone]
enfaixar (vt)	bendare (vt)	[ben'dare]
enfaixamento (m)	fasciatura (f)	[faʃa'tura]

vacinação (f)	vaccinazione (f)	[vatʧina'tsjone]
vacinar (vt)	vaccinare (vt)	[vatʧi'nare]
injeção (f)	iniezione (f)	[inje'tsjone]
dar uma injeção	fare una puntura	['fare 'una pun'tura]

ataque (~ de asma, etc.)	attacco (m)	[at'takko]
amputação (f)	amputazione (f)	[amputa'tsjone]
amputar (vt)	amputare (vt)	[ampu'tare]
coma (f)	coma (m)	['koma]
estar em coma	essere in coma	['essere in 'koma]
reanimação (f)	rianimazione (f)	[rianima'tsjone]

recuperar-se (vr)	guarire (vi)	[gwa'rire]
estado (~ de saúde)	stato (f)	['stato]
consciência (perder a ~)	conoscenza (f)	[kono'ʃentsa]
memória (f)	memoria (f)	[me'moria]
tirar (vt)	estrarre (vt)	[e'strarre]

obturação (f)	otturazione (f)	[ottura'tsjone]
obturar (vt)	otturare (vt)	[ottu'rare]

hipnose (f)	ipnosi (f)	[ip'nozi]
hipnotizar (vt)	ipnotizzare (vt)	[ipnotid'dzare]

51. Médicos

médico (m)	medico (m)	['mediko]
enfermeira (f)	infermiera (f)	[infer'mjera]
médico (m) pessoal	medico (m) personale	['mediko perso'nale]

dentista (m)	dentista (m)	[den'tista]
oculista (m)	oculista (m)	[oku'lista]
terapeuta (m)	internista (m)	[inter'nista]
cirurgião (m)	chirurgo (m)	[ki'rurgo]

psiquiatra (m)	psichiatra (m)	[psiki'atra]
pediatra (m)	pediatra (m)	[pedi'atra]
psicólogo (m)	psicologo (m)	[psi'kologo]
ginecologista (m)	ginecologo (m)	[dʒine'kologo]
cardiologista (m)	cardiologo (m)	[kar'djologo]

52. Medicina. Drogas. Acessórios

medicamento (m)	medicina (f)	[medi'tʃina]
remédio (m)	rimedio (m)	[ri'medio]
receitar (vt)	prescrivere (vt)	[pres'krivere]
receita (f)	prescrizione (f)	[preskri'tsjone]

comprimido (m)	compressa (f)	[kom'pressa]
unguento (m)	unguento (m)	[un'gwento]
ampola (f)	fiala (f)	[fi'ala]
solução, preparado (m)	pozione (f)	[po'tsjone]
xarope (m)	sciroppo (m)	[ʃi'roppo]
cápsula (f)	pillola (f)	['pillola]
pó (m)	polverina (f)	[polve'rina]

atadura (f)	benda (f)	['benda]
algodão (m)	ovatta (f)	[o'vatta]
iodo (m)	iodio (m)	[i'odio]

curativo (m) adesivo	cerotto (m)	[tʃe'rotto]
conta-gotas (m)	contagocce (m)	[konta'gotʃe]
termômetro (m)	termometro (m)	[ter'mometro]
seringa (f)	siringa (f)	[si'ringa]

cadeira (f) de rodas	sedia (f) a rotelle	['sedia a ro'telle]
muletas (f pl)	stampelle (f pl)	[stam'pelle]

analgésico (m)	analgesico (m)	[anal'dʒeziko]
laxante (m)	lassativo (m)	[lassa'tivo]

álcool (m)	**alcol** (m)	[al'kol]
ervas (f pl) medicinais	**erba** (f) **officinale**	['erba offitʃi'nale]
de ervas (chá ~)	**d'erbe**	['derbe]

HABITAT HUMANO

Cidade

53. Cidade. Vida na cidade

cidade (f)	città (f)	[tʃit'ta]
capital (f)	capitale (f)	[kapi'tale]
aldeia (f)	villaggio (m)	[vil'ladʒo]
mapa (m) da cidade	mappa (f) della città	['mappa 'della tʃit'ta]
centro (m) da cidade	centro (m) della città	['tʃentro 'della tʃit'ta]
subúrbio (m)	sobborgo (m)	[sob'borgo]
suburbano (adj)	suburbano	[subur'bano]
periferia (f)	periferia (f)	[perife'ria]
arredores (m pl)	dintorni (m pl)	[din'torni]
quarteirão (m)	isolato (m)	[izo'lato]
quarteirão (m) residencial	quartiere (m) residenziale	[kwar'tjere reziden'tsjale]
tráfego (m)	traffico (m)	['traffiko]
semáforo (m)	semaforo (m)	[se'maforo]
transporte (m) público	trasporti (m pl) urbani	[tras'porti ur'bani]
cruzamento (m)	incrocio (m)	[in'krotʃo]
faixa (f)	passaggio (m) pedonale	[pas'sadʒo pedo'nale]
túnel (m) subterrâneo	sottopassaggio (m)	[sotto·pas'sadʒo]
cruzar, atravessar (vt)	attraversare (vt)	[attraver'sare]
pedestre (m)	pedone (m)	[pe'done]
calçada (f)	marciapiede (m)	[martʃa'pjede]
ponte (f)	ponte (m)	['ponte]
margem (f) do rio	banchina (f)	[baŋ'kina]
fonte (f)	fontana (f)	[fon'tana]
alameda (f)	vialetto (m)	[via'letto]
parque (m)	parco (m)	['parko]
bulevar (m)	boulevard (m)	[bul'var]
praça (f)	piazza (f)	['pjattsa]
avenida (f)	viale (m), corso (m)	[vi'ale], ['korso]
rua (f)	via (f), strada (f)	['via], ['strada]
travessa (f)	vicolo (m)	['vikolo]
beco (m) sem saída	vicolo (m) cieco	['vikolo 'tʃjeko]
casa (f)	casa (f)	['kaza]
edifício, prédio (m)	edificio (m)	[edi'fitʃo]
arranha-céu (m)	grattacielo (m)	[gratta'tʃelo]
fachada (f)	facciata (f)	[fa'tʃata]
telhado (m)	tetto (m)	['tetto]

janela (f)	finestra (f)	[fi'nestra]
arco (m)	arco (m)	['arko]
coluna (f)	colonna (f)	[ko'lonna]
esquina (f)	angolo (m)	['angolo]

vitrine (f)	vetrina (f)	[ve'trina]
letreiro (m)	insegna (f)	[in'seɲa]
cartaz (do filme, etc.)	cartellone (m)	[kartel'lone]
cartaz (m) publicitário	cartellone (m) pubblicitario	[kartel'lone pubbliʧi'tario]
painel (m) publicitário	tabellone (m) pubblicitario	[tabel'lone pubbliʧi'tario]

lixo (m)	pattume (m), spazzatura (f)	[pat'tume], [spattsa'tura]
lata (f) de lixo	pattumiera (f)	[pattu'mjera]
jogar lixo na rua	sporcare (vi)	[spor'kare]
aterro (m) sanitário	discarica (f) di rifiuti	[dis'karika di ri'fjuti]

orelhão (m)	cabina (f) telefonica	[ka'bina tele'fonika]
poste (m) de luz	lampione (m)	[lam'pjone]
banco (m)	panchina (f)	[paɲ'kina]

polícia (m)	poliziotto (m)	[poli'tsjotto]
polícia (instituição)	polizia (f)	[poli'tsia]
mendigo, pedinte (m)	mendicante (m)	[mendi'kante]
desabrigado (m)	barbone (m)	[bar'bone]

54. Instituições urbanas

loja (f)	negozio (m)	[ne'gotsio]
drogaria (f)	farmacia (f)	[farma'ʧia]
ótica (f)	ottica (f)	['ottika]
centro (m) comercial	centro (m) commerciale	['ʧentro kommer'ʧale]
supermercado (m)	supermercato (m)	[supermer'kato]

padaria (f)	panetteria (f)	[panette'ria]
padeiro (m)	fornaio (m)	[for'najo]
pastelaria (f)	pasticceria (f)	[pastiʧe'ria]
mercearia (f)	drogheria (f)	[droge'ria]
açougue (m)	macelleria (f)	[maʧelle'ria]

| fruteira (f) | fruttivendolo (m) | [frutti'vendolo] |
| mercado (m) | mercato (m) | [mer'kato] |

cafeteria (f)	caffè (m)	[kaf'fe]
restaurante (m)	ristorante (m)	[risto'rante]
bar (m)	birreria (f), pub (m)	[birre'ria], [pab]
pizzaria (f)	pizzeria (f)	[pittse'ria]

salão (m) de cabeleireiro	salone (m) di parrucchiere	[sa'lone di parruk'kjere]
agência (f) dos correios	ufficio (m) postale	[uf'fiʧo po'stale]
lavanderia (f)	lavanderia (f) a secco	[lavande'ria a 'sekko]
estúdio (m) fotográfico	studio (m) fotografico	['studio foto'grafiko]

| sapataria (f) | negozio (m) di scarpe | [ne'gotsio di 'skarpe] |
| livraria (f) | libreria (f) | [libre'ria] |

loja (f) de artigos esportivos	negozio (m) sportivo	[ne'gotsio spor'tivo]
costureira (m)	riparazione (f) di abiti	[ripara'tsjone di 'abiti]
aluguel (m) de roupa	noleggio (m) di abiti	[no'ledʒo di 'abiti]
videolocadora (f)	noleggio (m) di film	[no'ledʒo di film]

circo (m)	circo (m)	['tʃirko]
jardim (m) zoológico	zoo (m)	['dzoo]
cinema (m)	cinema (m)	['tʃinema]
museu (m)	museo (m)	[mu'zeo]
biblioteca (f)	biblioteca (f)	[biblio'teka]

teatro (m)	teatro (m)	[te'atro]
ópera (f)	teatro (m) dell'opera	[te'atro dell 'opera]
boate (casa noturna)	locale notturno (m)	[lo'kale not'turno]
cassino (m)	casinò (m)	[kazi'no]

mesquita (f)	moschea (f)	[mos'kea]
sinagoga (f)	sinagoga (f)	[sina'goga]
catedral (f)	cattedrale (f)	[katte'drale]
templo (m)	tempio (m)	['tempjo]
igreja (f)	chiesa (f)	['kjeza]

faculdade (f)	istituto (m)	[isti'tuto]
universidade (f)	università (f)	[universi'ta]
escola (f)	scuola (f)	['skwola]

prefeitura (f)	prefettura (f)	[prefet'tura]
câmara (f) municipal	municipio (m)	[muni'tʃipio]
hotel (m)	albergo (m)	[al'bergo]
banco (m)	banca (f)	['banka]

embaixada (f)	ambasciata (f)	[amba'ʃata]
agência (f) de viagens	agenzia (f) di viaggi	[adʒen'tsia di 'vjadʒi]
agência (f) de informações	ufficio (m) informazioni	[uf'fitʃo informa'tsjoni]
casa (f) de câmbio	ufficio (m) dei cambi	[uf'fitʃo dei 'kambi]

metrô (m)	metropolitana (f)	[metropoli'tana]
hospital (m)	ospedale (m)	[ospe'dale]

posto (m) de gasolina	distributore (m) di benzina	[distribu'tore di ben'dzina]
parque (m) de estacionamento	parcheggio (m)	[par'kedʒo]

55. Sinais

letreiro (m)	insegna (f)	[in'seɲa]
aviso (m)	iscrizione (f)	[iskri'tsjone]
cartaz, pôster (m)	cartellone (m)	[kartel'lone]
placa (f) de direção	segnale (m) di direzione	[se'ɲale di dire'tsjone]
seta (f)	freccia (f)	['fretʃa]

aviso (advertência)	avvertimento (m)	[avverti'mento]
sinal (m) de aviso	avvertimento (m)	[avverti'mento]
avisar, advertir (vt)	avvertire (vt)	[avver'tire]
dia (m) de folga	giorno (m) di riposo	['dʒorno di ri'pozo]

horário (~ dos trens, etc.)	orario (m)	[o'rario]
horário (m)	orario (m) di apertura	[o'rario di aper'tura]
BEM-VINDOS!	BENVENUTI!	[benve'nuti]
ENTRADA	ENTRATA	[en'trata]
SAÍDA	USCITA	[u'ʃita]
EMPURRE	SPINGERE	['spindʒere]
PUXE	TIRARE	[ti'rare]
ABERTO	APERTO	[a'perto]
FECHADO	CHIUSO	['kjuzo]
MULHER	DONNE	['donne]
HOMEM	UOMINI	[u'omini]
DESCONTOS	SCONTI	['skonti]
SALDOS, PROMOÇÃO	SALDI	['saldi]
NOVIDADE!	NOVITÀ!	[novi'ta]
GRÁTIS	GRATIS	['gratis]
ATENÇÃO!	ATTENZIONE!	[atten'tsjone]
NÃO HÁ VAGAS	COMPLETO	[kom'pleto]
RESERVADO	RISERVATO	[rizer'vato]
ADMINISTRAÇÃO	AMMINISTRAZIONE	[amministra'tsjone]
SOMENTE PESSOAL	RISERVATO	[rizer'vato
AUTORIZADO	AL PERSONALE	al perso'nale]
CUIDADO CÃO FEROZ	ATTENTI AL CANE	[at'tenti al 'kane]
PROIBIDO FUMAR!	VIETATO FUMARE!	[vje'tato fu'mare]
NÃO TOCAR	NON TOCCARE	[non tok'kare]
PERIGOSO	PERICOLOSO	[periko'lozo]
PERIGO	PERICOLO	[pe'rikolo]
ALTA TENSÃO	ALTA TENSIONE	['alta ten'sjone]
PROIBIDO NADAR	DIVIETO DI BALNEAZIONE	[di'vjeto di balnea'tsjone]
COM DEFEITO	GUASTO	['gwasto]
INFLAMÁVEL	INFIAMMABILE	[infjam'mabile]
PROIBIDO	VIETATO	[vje'tato]
ENTRADA PROIBIDA	VIETATO L'INGRESSO	[vje'tato lin'greso]
CUIDADO TINTA FRESCA	VERNICE FRESCA	[ver'nitʃe 'freska]

56. Transportes urbanos

ônibus (m)	autobus (m)	['autobus]
bonde (m) elétrico	tram (m)	[tram]
trólebus (m)	filobus (m)	['filobus]
rota (f), itinerário (m)	itinerario (m)	[itine'rario]
número (m)	numero (m)	['numero]
ir de … (carro, etc.)	andare in …	[an'dare in]
entrar no …	salire su …	[sa'lire su]
descer do …	scendere da …	['ʃendere da]

parada (f)	fermata (f)	[fer'mata]
próxima parada (f)	prossima fermata (f)	['prossima fer'mata]
terminal (m)	capolinea (m)	[kapo'linea]
horário (m)	orario (m)	[o'rario]
esperar (vt)	aspettare (vt)	[aspet'tare]

| passagem (f) | biglietto (m) | [biʎ'ʎetto] |
| tarifa (f) | prezzo (m) del biglietto | ['prettso del biʎ'ʎetto] |

bilheteiro (m)	cassiere (m)	[kas'sjere]
controle (m) de passagens	controllo (m) dei biglietti	[kon'trollo dei biʎ'ʎeti]
revisor (m)	bigliettaio (m)	[biʎʎet'tajo]

atrasar-se (vr)	essere in ritardo	['essere in ri'tardo]
perder (o autocarro, etc.)	perdere (vt)	['perdere]
estar com pressa	avere fretta	[a'vere 'fretta]

táxi (m)	taxi (m)	['taksi]
taxista (m)	taxista (m)	[ta'ksista]
de táxi (ir ~)	in taxi	[in 'taksi]
ponto (m) de táxis	parcheggio (m) di taxi	[par'kedʒo di 'taksi]
chamar um táxi	chiamare un taxi	[kja'mare un 'taksi]
pegar um táxi	prendere un taxi	['prendere un 'taksi]

tráfego (m)	traffico (m)	['traffiko]
engarrafamento (m)	ingorgo (m)	[in'gorgo]
horas (f pl) de pico	ore (f pl) di punta	['ore di 'punta]
estacionar (vi)	parcheggiarsi (vr)	[parke'dʒarsi]
estacionar (vt)	parcheggiare (vt)	[parke'dʒare]
parque (m) de estacionamento	parcheggio (m)	[par'kedʒo]

metrô (m)	metropolitana (f)	[metropoli'tana]
estação (f)	stazione (f)	[sta'tsjone]
ir de metrô	prendere la metropolitana	['prendere la metropoli'tana]
trem (m)	treno (m)	['treno]
estação (f) de trem	stazione (f) ferroviaria	[sta'tsjone ferro'vjaria]

57. Turismo

monumento (m)	monumento (m)	[monu'mento]
fortaleza (f)	fortezza (f)	[for'tettsa]
palácio (m)	palazzo (m)	[pa'lattso]
castelo (m)	castello (m)	[ka'stello]
torre (f)	torre (f)	['torre]
mausoléu (m)	mausoleo (m)	[mauzo'leo]

arquitetura (f)	architettura (f)	[arkitet'tura]
medieval (adj)	medievale	[medje'vale]
antigo (adj)	antico	[an'tiko]
nacional (adj)	nazionale	[natsio'nale]
famoso, conhecido (adj)	famoso	[fa'mozo]

| turista (m) | turista (m) | [tu'rista] |
| guia (pessoa) | guida (f) | ['gwida] |

excursão (f)	escursione (f)	[eskur'sjone]
mostrar (vt)	fare vedere	['fare ve'dere]
contar (vt)	raccontare (vt)	[rakkon'tare]
encontrar (vt)	trovare (vt)	[tro'vare]
perder-se (vr)	perdersi (vr)	['perdersi]
mapa (~ do metrô)	mappa (f)	['mappa]
mapa (~ da cidade)	piantina (f)	[pjan'tina]
lembrança (f), presente (m)	souvenir (m)	[suve'nir]
loja (f) de presentes	negozio (m) di articoli da regalo	[ne'gotsio di ar'tikoli da re'galo]
tirar fotos, fotografar	fare foto	['fare 'foto]
fotografar-se (vr)	fotografarsi	[fotogra'farsi]

58. Compras

comprar (vt)	comprare (vt)	[kom'prare]
compra (f)	acquisto (m)	[a'kwisto]
fazer compras	fare acquisti	['fare a'kwisti]
compras (f pl)	shopping (m)	['ʃopping]
estar aberta (loja)	essere aperto	['essere a'perto]
estar fechada	essere chiuso	['essere 'kjuzo]
calçado (m)	calzature (f pl)	[kaltsa'ture]
roupa (f)	abbigliamento (m)	[abbiʎʎa'mento]
cosméticos (m pl)	cosmetica (f)	[ko'zmetika]
alimentos (m pl)	alimentari (m pl)	[alimen'tari]
presente (m)	regalo (m)	[re'galo]
vendedor (m)	commesso (m)	[kom'messo]
vendedora (f)	commessa (f)	[kom'messa]
caixa (f)	cassa (f)	['kassa]
espelho (m)	specchio (m)	['spekkio]
balcão (m)	banco (m)	['banko]
provador (m)	camerino (m)	[kame'rino]
provar (vt)	provare (vt)	[pro'vare]
servir (roupa, caber)	stare bene	['stare 'bene]
gostar (apreciar)	piacere (vi)	[pja'tʃere]
preço (m)	prezzo (m)	['prettso]
etiqueta (f) de preço	etichetta (f) del prezzo	[eti'ketta del 'prettso]
custar (vt)	costare (vt)	[ko'stare]
Quanto?	Quanto?	['kwanto]
desconto (m)	sconto (m)	['skonto]
não caro (adj)	no muy caro	[no muj 'karo]
barato (adj)	a buon mercato	[a bu'on mer'kato]
caro (adj)	caro	['karo]
É caro	È caro	[e 'karo]
aluguel (m)	noleggio (m)	[no'ledʒo]

alugar (roupas, etc.)	noleggiare (vt)	[nole'dʒare]
crédito (m)	credito (m)	['kredito]
a crédito	a credito	[a 'kredito]

59. Dinheiro

dinheiro (m)	soldi (m pl)	['soldi]
câmbio (m)	cambio (m)	['kambio]
taxa (f) de câmbio	corso (m) di cambio	['korso di 'kambio]
caixa (m) eletrônico	bancomat (m)	['bankomat]
moeda (f)	moneta (f)	[mo'neta]

| dólar (m) | dollaro (m) | ['dollaro] |
| euro (m) | euro (m) | ['euro] |

lira (f)	lira (f)	['lira]
marco (m)	marco (m)	['marko]
franco (m)	franco (m)	['franko]
libra (f) esterlina	sterlina (f)	[ster'lina]
iene (m)	yen (m)	[jen]

dívida (f)	debito (m)	['debito]
devedor (m)	debitore (m)	[debi'tore]
emprestar (vt)	prestare (vt)	[pre'stare]
pedir emprestado	prendere in prestito	['prendere in 'prestito]

banco (m)	banca (f)	['banka]
conta (f)	conto (m)	['konto]
depositar na conta	versare sul conto	[ver'sare sul 'konto]
sacar (vt)	prelevare dal conto	[prele'vare dal 'konto]

cartão (m) de crédito	carta (f) di credito	['karta di 'kredito]
dinheiro (m) vivo	contanti (m pl)	[kon'tanti]
cheque (m)	assegno (m)	[as'seɲo]
passar um cheque	emettere un assegno	[e'mettere un as'seɲo]
talão (m) de cheques	libretto (m) di assegni	[li'bretto di as'seɲi]

carteira (f)	portafoglio (m)	[porta·'foʎʎo]
niqueleira (f)	borsellino (m)	[borsel'lino]
cofre (m)	cassaforte (f)	[kassa'forte]

herdeiro (m)	erede (m)	[e'rede]
herança (f)	eredità (f)	[eredi'ta]
fortuna (riqueza)	fortuna (f)	[for'tuna]

arrendamento (m)	affitto (m)	[af'fitto]
aluguel (pagar o ~)	affitto (m)	[af'fitto]
alugar (vt)	affittare (vt)	[affit'tare]

preço (m)	prezzo (m)	['prettso]
custo (m)	costo (m), prezzo (m)	['kosto], ['prettso]
soma (f)	somma (f)	['somma]
gastar (vt)	spendere (vt)	['spendere]
gastos (m pl)	spese (f pl)	['speze]

economizar (vi)	economizzare (vi, vt)	[ekonomid'dzare]
econômico (adj)	economico	[eko'nomiko]

pagar (vt)	pagare (vi, vt)	[pa'gare]
pagamento (m)	pagamento (m)	[paga'mento]
troco (m)	resto (m)	['resto]

imposto (m)	imposta (f)	[im'posta]
multa (f)	multa (f), ammenda (f)	['multa], [am'menda]
multar (vt)	multare (vt)	[mul'tare]

60. Correios. Serviço postal

agência (f) dos correios	posta (f), ufficio (m) postale	['posta], [uf'fitʃo po'stale]
correio (m)	posta (f)	['posta]
carteiro (m)	postino (m)	[po'stino]
horário (m)	orario (m) di apertura	[o'rario di aper'tura]

carta (f)	lettera (f)	['lettera]
carta (f) registada	raccomandata (f)	[rakkoman'data]
cartão (m) postal	cartolina (f)	[karto'lina]
telegrama (m)	telegramma (m)	[tele'gramma]
encomenda (f)	pacco (m) postale	['pakko po'stale]
transferência (f) de dinheiro	vaglia (m) postale	['vaʎʎa po'stale]

receber (vt)	ricevere (vt)	[ri'tʃevere]
enviar (vt)	spedire (vt)	[spe'dire]
envio (m)	invio (m)	[in'vio]

endereço (m)	indirizzo (m)	[indi'rittso]
código (m) postal	codice (m) postale	['koditʃe po'stale]
remetente (m)	mittente (m)	[mit'tente]
destinatário (m)	destinatario (m)	[destina'tario]

nome (m)	nome (m)	['nome]
sobrenome (m)	cognome (m)	[ko'ɲome]

tarifa (f)	tariffa (f)	[ta'riffa]
ordinário (adj)	ordinario	[ordi'nario]
econômico (adj)	standard	['standar]

peso (m)	peso (m)	['pezo]
pesar (estabelecer o peso)	pesare (vt)	[pe'zare]
envelope (m)	busta (f)	['busta]
selo (m) postal	francobollo (m)	[franko'bollo]

Moradia. Casa. Lar

61. Casa. Eletricidade

eletricidade (f)	elettricità (f)	[elettriʧi'ta]
lâmpada (f)	lampadina (f)	[lampa'dina]
interruptor (m)	interruttore (m)	[interrut'tore]
fusível, disjuntor (m)	fusibile (m)	[fu'zibile]
fio, cabo (m)	filo (m)	['filo]
instalação (f) elétrica	impianto (m) elettrico	[im'pjanto e'lettriko]
medidor (m) de eletricidade	contatore (m) dell'elettricità	[konta'tore dell elettriʧi'ta]
indicação (f), registro (m)	lettura, indicazione (f)	[let'tura], [indika'tsjone]

62. Moradia. Mansão

casa (f) de campo	casa (f) di campagna	['kaza di kam'paɲa]
vila (f)	villa (f)	['villa]
ala (~ do edifício)	ala (f)	['ala]
jardim (m)	giardino (m)	[dʒar'dino]
parque (m)	parco (m)	['parko]
estufa (f)	serra (f)	['serra]
cuidar de ...	prendersi cura di	['prendersi 'kura di]
piscina (f)	piscina (f)	[pi'ʃina]
academia (f) de ginástica	palestra (f)	[pa'lestra]
quadra (f) de tênis	campo (m) da tennis	['kampo da 'tennis]
cinema (m)	home cinema (m)	['om 'ʧinema]
garagem (f)	garage (m)	[ga'raʒ]
propriedade (f) privada	proprietà (f) privata	[proprie'ta pri'vata]
terreno (m) privado	terreno (m) privato	[ter'reno pri'vato]
advertência (f)	avvertimento (m)	[avverti'mento]
sinal (m) de aviso	cartello (m) di avvertimento	['kartello di avverti'mento]
guarda (f)	sicurezza (f)	[siku'rettsa]
guarda (m)	guardia (f) giurata	['gwardia dʒu'rata]
alarme (m)	allarme (f) antifurto	[al'larme anti'furto]

63. Apartamento

apartamento (m)	appartamento (m)	[apparta'mento]
quarto, cômodo (m)	camera (f), stanza (f)	['kamera], ['stantsa]
quarto (m) de dormir	camera (f) da letto	['kamera da 'letto]

sala (f) de jantar	**sala** (f) **da pranzo**	['sala da 'prantso]
sala (f) de estar	**salotto** (m)	[sa'lotto]
escritório (m)	**studio** (m)	['studio]

sala (f) de entrada	**ingresso** (m)	[in'gresso]
banheiro (m)	**bagno** (m)	['baɲo]
lavabo (m)	**gabinetto** (m)	[gabi'netto]

teto (m)	**soffitto** (m)	[sof'fitto]
chão, piso (m)	**pavimento** (m)	[pavi'mento]
canto (m)	**angolo** (m)	['angolo]

64. Mobiliário. Interior

mobiliário (m)	**mobili** (m pl)	['mobili]
mesa (f)	**tavolo** (m)	['tavolo]
cadeira (f)	**sedia** (f)	['sedia]
cama (f)	**letto** (m)	['letto]

sofá, divã (m)	**divano** (m)	[di'vano]
poltrona (f)	**poltrona** (f)	[pol'trona]

estante (f)	**libreria** (f)	[libre'ria]
prateleira (f)	**ripiano** (m)	[ri'pjano]

guarda-roupas (m)	**armadio** (m)	[ar'madio]
cabide (m) de parede	**attaccapanni** (m) **da parete**	[attakka'panni da pa'rete]
cabideiro (m) de pé	**appendiabiti** (m) **da terra**	[apen'djabiti da terra]

cômoda (f)	**comò** (m)	[ko'mo]
mesinha (f) de centro	**tavolino** (m) **da salotto**	[tavo'lina da sa'lotto]

espelho (m)	**specchio** (m)	['spekkio]
tapete (m)	**tappeto** (m)	[tap'peto]
tapete (m) pequeno	**tappetino** (m)	[tappe'tino]

lareira (f)	**camino** (m)	[ka'mino]
vela (f)	**candela** (f)	[kan'dela]
castiçal (m)	**candeliere** (m)	[kande'ljere]

cortinas (f pl)	**tende** (f pl)	['tende]
papel (m) de parede	**carta** (f) **da parati**	['karta da pa'rati]
persianas (f pl)	**tende** (f pl) **alla veneziana**	['tende alla vene'tsjana]

luminária (f) de mesa	**lampada** (f) **da tavolo**	['lampada da 'tavolo]
luminária (f) de parede	**lampada** (f) **da parete**	['lampada da pa'rete]

abajur (m) de pé	**lampada** (f) **a stelo**	['lampada a 'stelo]
lustre (m)	**lampadario** (m)	[lampa'dario]

pé (de mesa, etc.)	**gamba** (f)	['gamba]
braço, descanso (m)	**bracciolo** (m)	['bratʃolo]
costas (f pl)	**spalliera** (f)	[spal'ljera]
gaveta (f)	**cassetto** (m)	[kas'setto]

65. Quarto de dormir

roupa (f) de cama	biancheria (f) da letto	[bjanke'ria da 'letto]
travesseiro (m)	cuscino (m)	[ku'ʃino]
fronha (f)	federa (f)	['federa]
cobertor (m)	coperta (f)	[ko'perta]
lençol (m)	lenzuolo (m)	[lentsu'olo]
colcha (f)	copriletto (m)	[kopri'letto]

66. Cozinha

cozinha (f)	cucina (f)	[ku'tʃina]
gás (m)	gas (m)	[gas]
fogão (m) a gás	fornello (m) a gas	[for'nello a gas]
fogão (m) elétrico	fornello (m) elettrico	[for'nello e'lettriko]
forno (m)	forno (m)	['forno]
forno (m) de micro-ondas	forno (m) a microonde	['forno a mikro'onde]
geladeira (f)	frigorifero (m)	[frigo'rifero]
congelador (m)	congelatore (m)	[kondʒela'tore]
máquina (f) de lavar louça	lavastoviglie (f)	[lavasto'viʎʎe]
moedor (m) de carne	tritacarne (m)	[trita'karne]
espremedor (m)	spremifrutta (m)	[spremi'frutta]
torradeira (f)	tostapane (m)	[tosta'pane]
batedeira (f)	mixer (m)	['mikser]
máquina (f) de café	macchina (f) da caffè	['makkina da kaf'fe]
cafeteira (f)	caffettiera (f)	[kaffet'tjera]
moedor (m) de café	macinacaffè (m)	[matʃinakaf'fe]
chaleira (f)	bollitore (m)	[bolli'tore]
bule (m)	teiera (f)	[te'jera]
tampa (f)	coperchio (m)	[ko'perkio]
coador (m) de chá	colino (m) da tè	[ko'lino da te]
colher (f)	cucchiaio (m)	[kuk'kjajo]
colher (f) de chá	cucchiaino (m) da tè	[kuk'kjajno da 'te]
colher (f) de sopa	cucchiaio (m)	[kuk'kjajo]
garfo (m)	forchetta (f)	[for'ketta]
faca (f)	coltello (m)	[kol'tello]
louça (f)	stoviglie (f pl)	[sto'viʎʎe]
prato (m)	piatto (m)	['pjatto]
pires (m)	piattino (m)	[pjat'tino]
cálice (m)	cicchetto (m)	[tʃik'ketto]
copo (m)	bicchiere (m)	[bik'kjere]
xícara (f)	tazzina (f)	[tat'tsina]
açucareiro (m)	zuccheriera (f)	[dzukke'rjera]
saleiro (m)	saliera (f)	[sa'ljera]
pimenteiro (m)	pepiera (f)	[pe'pjera]

manteigueira (f)	burriera (f)	[bur'rjera]
panela (f)	pentola (f)	['pentola]
frigideira (f)	padella (f)	[pa'della]
concha (f)	mestolo (m)	['mestolo]
coador (m)	colapasta (m)	[kola'pasta]
bandeja (f)	vassoio (m)	[vas'sojo]

garrafa (f)	bottiglia (f)	[bot'tiʎʎa]
pote (m) de vidro	barattolo (m) di vetro	[ba'rattolo di 'vetro]
lata (~ de cerveja)	latta (f), lattina (f)	['latta], [lat'tina]

abridor (m) de garrafa	apribottiglie (m)	[apribot'tiʎʎe]
abridor (m) de latas	apriscatole (m)	[apri'skatole]
saca-rolhas (m)	cavatappi (m)	[kava'tappi]
filtro (m)	filtro (m)	['filtro]
filtrar (vt)	filtrare (vt)	[fil'trare]

lixo (m)	spazzatura (f)	[spattsa'tura]
lixeira (f)	pattumiera (f)	[pattu'mjera]

67. Casa de banho

banheiro (m)	bagno (m)	['baɲo]
água (f)	acqua (f)	['akwa]
torneira (f)	rubinetto (m)	[rubi'netto]
água (f) quente	acqua (f) calda	['akwa 'kalda]
água (f) fria	acqua (f) fredda	['akwa 'fredda]

pasta (f) de dente	dentifricio (m)	[denti'fritʃo]
escovar os dentes	lavarsi i denti	[la'varsi i 'denti]
escova (f) de dente	spazzolino (m) da denti	[spatso'lino da 'denti]

barbear-se (vr)	rasarsi (vr)	[ra'zarsi]
espuma (f) de barbear	schiuma (f) da barba	['skjuma da 'barba]
gilete (f)	rasoio (m)	[ra'zojo]

lavar (vt)	lavare (vt)	[la'vare]
tomar banho	fare un bagno	['fare un 'baɲo]
chuveiro (m), ducha (f)	doccia (f)	['dotʃa]
tomar uma ducha	fare una doccia	['fare 'una 'dotʃa]

banheira (f)	vasca (f) da bagno	['vaska da 'baɲo]
vaso (m) sanitário	water (m)	['vater]
pia (f)	lavandino (m)	[lavan'dino]

sabonete (m)	sapone (m)	[sa'pone]
saboneteira (f)	porta (m) sapone	['porta sa'pone]

esponja (f)	spugna (f)	['spuɲa]
xampu (m)	shampoo (m)	['ʃampo]
toalha (f)	asciugamano (m)	[aʃuga'mano]
roupão (m) de banho	accappatoio (m)	[akkappa'tojo]
lavagem (f)	bucato (m)	[bu'kato]
lavadora (f) de roupas	lavatrice (f)	[lava'tritʃe]

| lavar a roupa | **fare il bucato** | ['fare il bu'kato] |
| detergente (m) | **detersivo** (m) **per il bucato** | [deter'sivo per il bu'kato] |

68. Eletrodomésticos

televisor (m)	**televisore** (m)	[televi'zore]
gravador (m)	**registratore** (m) **a nastro**	[reʤistra'tore a 'nastro]
videogravador (m)	**videoregistratore** (m)	[video·reʤistra'tore]
rádio (m)	**radio** (f)	['radio]
leitor (m)	**lettore** (m)	[let'tore]

projetor (m)	**videoproiettore** (m)	[video·projet'tore]
cinema (m) em casa	**home cinema** (m)	['om 'ʧinema]
DVD Player (m)	**lettore** (m) **DVD**	[let'tore divu'di]
amplificador (m)	**amplificatore** (m)	[amplifika'tore]
console (f) de jogos	**console** (f) **video giochi**	['konsole 'video 'dʒoki]

câmera (f) de vídeo	**videocamera** (f)	[video·'kamera]
máquina (f) fotográfica	**macchina** (f) **fotografica**	['makkina foto'grafika]
câmera (f) digital	**fotocamera** (f) **digitale**	[foto'kamera diʤi'tale]

aspirador (m)	**aspirapolvere** (m)	[aspira·'polvere]
ferro (m) de passar	**ferro** (m) **da stiro**	['ferro da 'stiro]
tábua (f) de passar	**asse** (f) **da stiro**	['asse da 'stiro]

telefone (m)	**telefono** (m)	[te'lefono]
celular (m)	**telefonino** (m)	[telefo'nino]
máquina (f) de escrever	**macchina** (f) **da scrivere**	['makkina da 'skrivere]
máquina (f) de costura	**macchina** (f) **da cucire**	['makkina da ku'ʧire]

microfone (m)	**microfono** (m)	[mi'krofono]
fone (m) de ouvido	**cuffia** (f)	['kuffia]
controle remoto (m)	**telecomando** (m)	[teleko'mando]

CD (m)	**CD** (m)	[ʧi'di]
fita (f) cassete	**cassetta** (f)	[kas'setta]
disco (m) de vinil	**disco** (m)	['disko]

ATIVIDADES HUMANAS

Emprego. Negócios. Parte 1

69. Escritório. O trabalho no escritório

escritório (~ de advogados)	ufficio (m)	[uf'fitʃo]
escritório (do diretor, etc.)	ufficio (m)	[uf'fitʃo]
recepção (f)	portineria (f)	[portine'ria]
secretário (m)	segretario (m)	[segre'tario]
secretária (f)	segretaria (f)	[segre'taria]
diretor (m)	direttore (m)	[diret'tore]
gerente (m)	manager (m)	['menedʒer]
contador (m)	contabile (m)	[kon'tabile]
empregado (m)	impiegato (m)	[impje'gato]
mobiliário (m)	mobili (m pl)	['mobili]
mesa (f)	scrivania (f)	[skriva'nia]
cadeira (f)	poltrona (f)	[pol'trona]
gaveteiro (m)	cassettiera (f)	[kasset'tjera]
cabideiro (m) de pé	appendiabiti (m) da terra	[apen'djabiti da terra]
computador (m)	computer (m)	[kom'pjuter]
impressora (f)	stampante (f)	[stam'pante]
fax (m)	fax (m)	[faks]
fotocopiadora (f)	fotocopiatrice (f)	[fotokopja'tritʃe]
papel (m)	carta (f)	['karta]
artigos (m pl) de escritório	cancelleria (f)	[kantʃelle'ria]
tapete (m) para mouse	tappetino (m) del mouse	[tappe'tino del 'maus]
folha (f)	foglio (m)	['foʎʎo]
pasta (f)	cartella (f)	[kar'tella]
catálogo (m)	catalogo (m)	[ka'talogo]
lista (f) telefônica	elenco (m) del telefono	[e'lenko del te'lefono]
documentação (f)	documentazione (f)	[dokumenta'tsjone]
brochura (f)	opuscolo (m)	[o'puskolo]
panfleto (m)	volantino (m)	[volan'tino]
amostra (f)	campione (m)	[kam'pjone]
formação (f)	formazione (f)	[forma'tsjone]
reunião (f)	riunione (f)	[riu'njone]
hora (f) de almoço	pausa (f) pranzo	['pauza 'prantso]
fazer uma cópia	copiare (vt)	[ko'pjare]
tirar cópias	fare copie	['fare 'kopje]
receber um fax	ricevere un fax	[ri'tʃevere un faks]
enviar um fax	spedire un fax	[spe'dire un faks]

fazer uma chamada	telefonare (vi, vt)	[telefo'nare]
responder (vt)	rispondere (vi, vt)	[ris'pondere]
passar (vt)	passare (vt)	[pas'sare]

marcar (vt)	fissare (vt)	[fis'sare]
demonstrar (vt)	dimostrare (vt)	[dimo'strare]
estar ausente	essere assente	['essere as'sente]
ausência (f)	assenza (f)	[as'sentsa]

70. Processos negociais. Parte 1

ocupação (f)	occupazione (f)	[okkupa'tsjone]
firma, empresa (f)	ditta (f)	['ditta]
companhia (f)	compagnia (f)	[kompa'ɲia]
corporação (f)	corporazione (f)	[korpora'tsjone]
empresa (f)	impresa (f)	[im'preza]
agência (f)	agenzia (f)	[adʒen'tsia]

acordo (documento)	accordo (m)	[ak'kordo]
contrato (m)	contratto (m)	[kon'tratto]
acordo (transação)	affare (m)	[af'fare]
pedido (m)	ordine (m)	['ordine]
termos (m pl)	termine (m) dell'accordo	['termine dell ak'kordo]

por atacado	all'ingrosso	[all in'grosso]
por atacado (adj)	all'ingrosso	[all in'grosso]
venda (f) por atacado	vendita (f) all'ingrosso	['vendita all in'grosso]
a varejo	al dettaglio	[al det'taʎʎo]
venda (f) a varejo	vendita (f) al dettaglio	['vendita al det'taʎʎo]

concorrente (m)	concorrente (m)	[konkor'rente]
concorrência (f)	concorrenza (f)	[konkor'rentsa]
competir (vi)	competere (vi)	[kom'petere]

| sócio (m) | socio (m), partner (m) | ['sotʃo], ['partner] |
| parceria (f) | partenariato (m) | [partena'rjato] |

crise (f)	crisi (f)	['krizi]
falência (f)	bancarotta (f)	[banka'rotta]
entrar em falência	fallire (vi)	[fal'lire]
dificuldade (f)	difficoltà (f)	[diffikol'ta]
problema (m)	problema (m)	[pro'blema]
catástrofe (f)	disastro (m)	[di'zastro]

economia (f)	economia (f)	[ekono'mia]
econômico (adj)	economico	[eko'nomiko]
recessão (f) econômica	recessione (f) economica	[retʃes'sjone eko'nomika]

| objetivo (m) | scopo (m), obiettivo (m) | ['skopo], [objet'tivo] |
| tarefa (f) | incarico (m) | [in'kariko] |

comerciar (vi, vt)	commerciare (vi)	[kommer'tʃare]
rede (de distribuição)	rete (f)	['rete]
estoque (m)	giacenza (f)	[dʒia'tʃentsa]

sortimento (m)	assortimento (m)	[assorti'mento]
líder (m)	leader (m), capo (m)	['lider], ['kapo]
grande (~ empresa)	grande	['grande]
monopólio (m)	monopolio (m)	[mono'polio]
teoria (f)	teoria (f)	[teo'ria]
prática (f)	pratica (f)	['pratika]
experiência (f)	esperienza (f)	[espe'rjentsa]
tendência (f)	tendenza (f)	[ten'dentsa]
desenvolvimento (m)	sviluppo (m)	[zvi'luppo]

71. Processos negociais. Parte 2

rentabilidade (f)	profitto (m)	[pro'fitto]
rentável (adj)	profittevole	[profit'tevole]
delegação (f)	delegazione (f)	[delega'tsjone]
salário, ordenado (m)	stipendio (m)	[sti'pendio]
corrigir (~ um erro)	correggere (vt)	[kor'redʒere]
viagem (f) de negócios	viaggio (m) d'affari	['vjadʒo daf'fari]
comissão (f)	commissione (f)	[kommi'sjone]
controlar (vt)	controllare (vt)	[kontrol'lare]
conferência (f)	conferenza (f)	[konfe'rentsa]
licença (f)	licenza (f)	[li'tʃentsa]
confiável (adj)	affidabile	[affi'dabile]
empreendimento (m)	iniziativa (f)	[initsja'tiva]
norma (f)	norma (f)	['norma]
circunstância (f)	circostanza (f)	[tʃirko'stantsa]
dever (do empregado)	mansione (f)	[man'sjone]
empresa (f)	impresa (f)	[im'preza]
organização (f)	organizzazione (f)	[organiddza'tsjone]
organizado (adj)	organizzato	[organid'dzato]
anulação (f)	annullamento (m)	[annulla'mento]
anular, cancelar (vt)	annullare (vt)	[annul'lare]
relatório (m)	rapporto (m)	[rap'porto]
patente (f)	brevetto (m)	[bre'vetto]
patentear (vt)	brevettare (vt)	[brevet'tare]
planejar (vt)	pianificare (vt)	[pjanifi'kare]
bônus (m)	premio (m)	['premio]
profissional (adj)	professionale	[professjo'nale]
procedimento (m)	procedura (f)	[protʃe'dura]
examinar (~ a questão)	esaminare (vt)	[ezami'nare]
cálculo (m)	calcolo (m)	['kalkolo]
reputação (f)	reputazione (f)	[reputa'tsjone]
risco (m)	rischio (m)	['riskio]
dirigir (~ uma empresa)	dirigere (vt)	[di'ridʒere]
informação (f)	informazioni (f pl)	[informa'tsjoni]

| propriedade (f) | proprietà (f) | [proprie'ta] |
| união (f) | unione (f) | [uni'one] |

seguro (m) de vida	assicurazione (f) sulla vita	[assikura'tsjone 'sulla 'vita]
fazer um seguro	assicurare (vt)	[assiku'rare]
seguro (m)	assicurazione (f)	[assikura'tsjone]

leilão (m)	asta (f)	['asta]
notificar (vt)	avvisare (vt)	[avvi'zare]
gestão (f)	gestione (f)	[dʒes'tjone]
serviço (indústria de ~s)	servizio (m)	[ser'vitsio]

fórum (m)	forum (m)	['forum]
funcionar (vi)	funzionare (vi)	[funtsjo'nare]
estágio (m)	stadio (m)	['stadio]
jurídico, legal (adj)	giuridico	[dʒu'ridiko]
advogado (m)	esperto (m) legale	[e'sperto le'gale]

72. Produção. Trabalhos

usina (f)	stabilimento (m)	[stabili'mento]
fábrica (f)	fabbrica (f)	['fabbrika]
oficina (f)	officina (f) di produzione	[offi'tʃina di produ'tsjone]
local (m) de produção	stabilimento (m)	[stabili'mento]

indústria (f)	industria (f)	[in'dustria]
industrial (adj)	industriale	[industri'ale]
indústria (f) pesada	industria (f) pesante	[in'dustria pe'zante]
indústria (f) ligeira	industria (f) leggera	[in'dustria le'dʒera]

produção (f)	prodotti (m pl)	[pro'dotti]
produzir (vt)	produrre (vt)	[pro'durre]
matérias-primas (f pl)	materia (f) prima	[ma'teria 'prima]

chefe (m) de obras	caposquadra (m)	[kapo'skwadra]
equipe (f)	squadra (f)	['skwadra]
operário (m)	operaio (m)	[ope'rajo]

dia (m) de trabalho	giorno (m) lavorativo	['dʒorno lavora'tivo]
intervalo (m)	pausa (f)	['pauza]
reunião (f)	riunione (f)	[riu'njone]
discutir (vt)	discutere (vt)	[di'skutere]

plano (m)	piano (m)	['pjano]
cumprir o plano	eseguire il piano	[eze'gwire il 'pjano]
taxa (f) de produção	tasso (m) di produzione	['tasso di produ'tsjone]
qualidade (f)	qualità (f)	[kwali'ta]
controle (m)	controllo (m)	[kon'trollo]
controle (m) da qualidade	controllo (m) di qualità	[kon'trollo di kwali'ta]

segurança (f) no trabalho	sicurezza (f) sul lavoro	[siku'rettsa sul la'voro]
disciplina (f)	disciplina (f)	[diʃi'plina]
infração (f)	infrazione (f)	[infra'tsjone]
violar (as regras)	violare (vt)	[vio'lare]

greve (f)	sciopero (m)	['ʃopero]
grevista (m)	scioperante (m)	[ʃope'rante]
estar em greve	fare sciopero	['fare 'ʃopero]
sindicato (m)	sindacato (m)	[sinda'kato]

inventar (vt)	inventare (vt)	[inven'tare]
invenção (f)	invenzione (f)	[inven'tsjone]
pesquisa (f)	ricerca (f)	[ri'tʃerka]
melhorar (vt)	migliorare (vt)	[miʎʎo'rare]
tecnologia (f)	tecnologia (f)	[teknolo'dʒia]
desenho (m) técnico	disegno (m) tecnico	[di'zeɲo 'tekniko]

carga (f)	carico (m)	['kariko]
carregador (m)	caricatore (m)	[karika'tore]
carregar (o caminhão, etc.)	caricare (vt)	[kari'kare]
carregamento (m)	caricamento (m)	[karika'mento]
descarregar (vt)	scaricare (vt)	[skari'kare]
descarga (f)	scarico (m)	['skariko]

transporte (m)	trasporto (m)	[tras'porto]
companhia (f) de transporte	società (f) di trasporti	[sotʃe'ta di tras'porti]
transportar (vt)	trasportare (vt)	[traspor'tare]

vagão (m) de carga	vagone (m) merci	[va'gone 'mertʃi]
tanque (m)	cisterna (f)	[tʃi'sterna]
caminhão (m)	camion (m)	['kamjon]

máquina (f) operatriz	macchina (f) utensile	['makkina u'tensile]
mecanismo (m)	meccanismo (m)	[mekka'nizmo]

resíduos (m pl) industriais	rifiuti (m pl) industriali	[ri'fjuti industri'ali]
embalagem (f)	imballaggio (m)	[imbal'ladʒo]
embalar (vt)	imballare (vt)	[imbal'lare]

73. Contrato. Acordo

contrato (m)	contratto (m)	[kon'tratto]
acordo (m)	accordo (m)	[ak'kordo]
adendo, anexo (m)	allegato (m)	[alle'gato]

assinar o contrato	firmare un contratto	[fir'mare un kon'tratto]
assinatura (f)	firma (f)	['firma]
assinar (vt)	firmare (vt)	[fir'mare]
carimbo (m)	timbro (m)	['timbro]

objeto (m) do contrato	oggetto (m) del contratto	[o'dʒetto del kon'tratto]
cláusula (f)	clausola (f)	['klauzola]
partes (f pl)	parti (f pl)	['parti]
domicílio (m) legal	sede (f) legale	['sede le'gale]

violar o contrato	sciogliere un contratto	['ʃoʎʎere un kon'tratto]
obrigação (f)	obbligo (m)	['obbligo]
responsabilidade (f)	responsabilità (f)	[responsabili'ta]
força (f) maior	forza (f) maggiore	['fortsa ma'dʒore]

litígio (m), disputa (f)	discussione (f)	[diskus'sjone]
multas (f pl)	sanzioni (f pl)	[san'tsjoni]

74. Importação & Exportação

importação (f)	importazione (f)	[importa'tsjone]
importador (m)	importatore (m)	[importa'tore]
importar (vt)	importare (vt)	[impor'tare]
de importação	d'importazione	[dimporta'tsjone]
exportação (f)	esportazione (f)	[esporta'tsjone]
exportador (m)	esportatore (m)	[esporta'tore]
exportar (vt)	esportare (vt)	[espor'tare]
de exportação	d'esportazione	[desporta'tsjone]
mercadoria (f)	merce (f)	['mertʃe]
lote (de mercadorias)	carico (m)	['kariko]
peso (m)	peso (m)	['pezo]
volume (m)	volume (m)	[vo'lume]
metro (m) cúbico	metro (m) cubo	['metro 'kubo]
produtor (m)	produttore (m)	[produt'tore]
companhia (f) de transporte	società (f) di trasporti	[sotʃe'ta di tras'porti]
contêiner (m)	container (m)	[kon'tejner]
fronteira (f)	frontiera (f)	[fron'tjera]
alfândega (f)	dogana (f)	[do'gana]
taxa (f) alfandegária	dazio (m) doganale	['datsio doga'nale]
funcionário (m) da alfândega	doganiere (m)	[doga'njere]
contrabando (atividade)	contrabbando (m)	[kontrab'bando]
contrabando (produtos)	merci (f pl) contrabbandate	['mertʃi kontrabban'date]

75. Finanças

ação (f)	azione (f)	[a'tsjone]
obrigação (f)	obbligazione (f)	[obbliga'tsjone]
nota (f) promissória	cambiale (f)	[kam'bjale]
bolsa (f) de valores	borsa (f)	['borsa]
cotação (m) das ações	quotazione (f)	[kwota'tsjone]
tornar-se mais barato	diminuire di prezzo	[diminu'ire di 'prettso]
tornar-se mais caro	aumentare di prezzo	[aumen'tare di 'prettso]
parte (f)	quota (f)	['kwota]
participação (f) majoritária	pacchetto (m) di maggioranza	[pak'ketto di madʒo'rantsa]
investimento (m)	investimento (m)	[investi'mento]
investir (vt)	investire (vt)	[inve'stire]
porcentagem (f)	percento (m)	[per'tʃento]

juros (m pl)	interessi (m pl)	[inte'ressi]
lucro (m)	profitto (m)	[pro'fitto]
lucrativo (adj)	redditizio	[redi'titsio]
imposto (m)	imposta (f)	[im'posta]
divisa (f)	valuta (f)	[va'luta]
nacional (adj)	nazionale	[natsio'nale]
câmbio (m)	cambio (m)	['kambio]
contador (m)	contabile (m)	[kon'tabile]
contabilidade (f)	ufficio (m) contabilità	[uf'fitʃo kontabili'ta]
falência (f)	bancarotta (f)	[banka'rotta]
falência, quebra (f)	fallimento (m)	[falli'mento]
ruína (f)	rovina (f)	[ro'vina]
estar quebrado	andare in rovina	[an'dare in ro'vina]
inflação (f)	inflazione (f)	[infla'tsjone]
desvalorização (f)	svalutazione (f)	[zvaluta'tsjone]
capital (m)	capitale (m)	[kapi'tale]
rendimento (m)	reddito (m)	['reddito]
volume (m) de negócios	giro (m) di affari	['dʒiro di af'fari]
recursos (m pl)	risorse (f pl)	[ri'sorse]
recursos (m pl) financeiros	mezzi (m pl) finanziari	['meddzi finan'tsjari]
despesas (f pl) gerais	spese (f pl) generali	['speze dʒene'rali]
reduzir (vt)	ridurre (vt)	[ri'durre]

76. Marketing

marketing (m)	marketing (m)	['marketing]
mercado (m)	mercato (m)	[mer'kato]
segmento (m) do mercado	segmento (m) di mercato	[seg'mento di mer'kato]
produto (m)	prodotto (m)	[pro'dotto]
mercadoria (f)	merce (f)	['mertʃe]
marca (f)	brand (m)	[brend]
marca (f) registrada	marchio (m) di fabbrica	['markio di 'fabbrika]
logotipo (m)	logotipo (m)	[logo'tipo]
logo (m)	logo (m)	[logo]
demanda (f)	domanda (f)	[do'manda]
oferta (f)	offerta (f)	[of'ferta]
necessidade (f)	bisogno (m)	[bi'zoɲo]
consumidor (m)	consumatore (m)	[konsuma'tore]
análise (f)	analisi (f)	[a'nalizi]
analisar (vt)	analizzare (vt)	[analid'dzare]
posicionamento (m)	posizionamento (m)	[pozitsjona'mento]
posicionar (vt)	posizionare (vt)	[pozitsjo'nare]
preço (m)	prezzo (m)	['prettso]
política (f) de preços	politica (f) dei prezzi	[po'litika 'dei 'prettsi]
formação (f) de preços	determinazione (f) dei prezzi	[determina'tsjone del 'prettsi]

77. Publicidade

publicidade (f)	pubblicità (f)	[pubbliʧi'ta]
fazer publicidade	pubblicizzare (vt)	[pubbliʧid'ʣare]
orçamento (m)	bilancio (m)	[bi'lanʧo]
anúncio (m)	annuncio (m)	[an'nunʧo]
publicidade (f) na TV	pubblicità (f) televisiva	[pubbliʧi'ta televi'ziva]
publicidade (f) na rádio	pubblicità (f) radiofonica	[pubbliʧi'ta radio'fonika]
publicidade (f) exterior	pubblicità (f) esterna	[pubbliʧi'ta es'terna]
comunicação (f) de massa	mass media (m pl)	[mass 'media]
periódico (m)	periodico (m)	[pe'rjodiko]
imagem (f)	immagine (f)	[im'madʒine]
slogan (m)	slogan (m)	[zlogan]
mote (m), lema (f)	motto (m)	['motto]
campanha (f)	campagna (f)	[kam'paɲa]
campanha (f) publicitária	campagna (f) pubblicitaria	[kam'paɲa pubbliʧi'taria]
grupo (m) alvo	gruppo (m) di riferimento	['gruppo de riferi'mento]
cartão (m) de visita	biglietto (m) da visita	[biʎ'ʎetto da 'vizita]
panfleto (m)	volantino (m)	[volan'tino]
brochura (f)	opuscolo (m)	[o'puskolo]
folheto (m)	pieghevole (m)	[pje'gevole]
boletim (~ informativo)	bollettino (m)	[bollet'tino]
letreiro (m)	insegna (f)	[in'seɲa]
cartaz, pôster (m)	cartellone (m)	[kartel'lone]
painel (m) publicitário	tabellone (m) pubblicitario	[tabel'lone pubbliʧi'tario]

78. Banca

banco (m)	banca (f)	['banka]
balcão (f)	filiale (f)	[fi'ljale]
consultor (m) bancário	consulente (m)	[konsu'lente]
gerente (m)	direttore (m)	[diret'tore]
conta (f)	conto (m) bancario	['konto ban'kario]
número (m) da conta	numero (m) del conto	['numero del 'konto]
conta (f) corrente	conto (m) corrente	['konto kor'rente]
conta (f) poupança	conto (m) di risparmio	['konto di ris'parmio]
abrir uma conta	aprire un conto	[a'prire un 'konto]
fechar uma conta	chiudere il conto	['kjudere il 'konto]
depositar na conta	versare sul conto	[ver'sare sul 'konto]
sacar (vt)	prelevare dal conto	[prele'vare dal 'konto]
depósito (m)	deposito (m)	[de'pozito]
fazer um depósito	depositare (vt)	[depozi'tare]
transferência (f) bancária	trasferimento (m) telegrafico	[trasferi'mento tele'grafiko]

transferir (vt)	rimettere i soldi	[ri'mettere i 'soldi]
soma (f)	somma (f)	['somma]
Quanto?	Quanto?	['kwanto]

assinatura (f)	firma (f)	['firma]
assinar (vt)	firmare (vt)	[fir'mare]

cartão (m) de crédito	carta (f) di credito	['karta di 'kredito]
senha (f)	codice (m)	['koditʃe]
número (m) do cartão de crédito	numero (m) della carta di credito	['numero 'della 'karta di 'kredito]
caixa (m) eletrônico	bancomat (m)	['bankomat]

cheque (m)	assegno (m)	[as'seɲo]
passar um cheque	emettere un assegno	[e'mettere un as'seɲo]
talão (m) de cheques	libretto (m) di assegni	[li'bretto di as'seɲi]

empréstimo (m)	prestito (m)	['prestito]
pedir um empréstimo	fare domanda per un prestito	['fare do'manda per un 'prestito]
obter empréstimo	ottenere un prestito	[otte'nere un 'prestito]
dar um empréstimo	concedere un prestito	[kon'tʃedere un 'prestito]
garantia (f)	garanzia (f)	[garan'tsia]

79. Telefone. Conversação telefônica

telefone (m)	telefono (m)	[te'lefono]
celular (m)	telefonino (m)	[telefo'nino]
secretária (f) eletrônica	segreteria (f) telefonica	[segrete'ria tele'fonika]

fazer uma chamada	telefonare (vi, vt)	[telefo'nare]
chamada (f)	chiamata (f)	[kja'mata]

discar um número	comporre un numero	[kom'porre un 'numero]
Alô!	Pronto!	['pronto]
perguntar (vt)	chiedere, domandare	['kjedere], [doman'dare]
responder (vt)	rispondere (vi, vt)	[ris'pondere]

ouvir (vt)	udire, sentire (vt)	[u'dire], [sen'tire]
bem	bene	['bene]
mal	male	['male]
ruído (m)	disturbi (m pl)	[di'sturbi]

fone (m)	cornetta (f)	[kor'netta]
pegar o telefone	alzare la cornetta	[al'tsare la kor'netta]
desligar (vi)	riattaccare la cornetta	[riattak'kare la kor'netta]

ocupado (adj)	occupato	[okku'pato]
tocar (vi)	squillare (vi)	[skwil'lare]
lista (f) telefônica	elenco (m) telefonico	[e'lenko tele'foniko]

local (adj)	locale	[lo'kale]
chamada (f) local	chiamata (f) locale	[kja'mata lo'kale]
de longa distância	interurbano	[interur'bano]

chamada (f) de longa distância	chiamata (f) interurbana	[kja'mata interur'bana]
internacional (adj)	internazionale	[internatsjo'nale]
chamada (f) internacional	chiamata (f) internazionale	[kja'mata internatsjo'nale]

80. Telefone móvel

celular (m)	telefonino (m)	[telefo'nino]
tela (f)	schermo (m)	['skermo]
botão (m)	tasto (m)	['tasto]
cartão SIM (m)	scheda SIM (f)	['skeda 'sim]

bateria (f)	pila (f)	['pila]
descarregar-se (vr)	essere scarico	['essere 'skariko]
carregador (m)	caricabatteria (m)	[karika·batte'ria]

menu (m)	menù (m)	[me'nu]
configurações (f pl)	impostazioni (f pl)	[imposta'tsjoni]
melodia (f)	melodia (f)	[melo'dia]
escolher (vt)	scegliere (vt)	['ʃeʎʎere]

calculadora (f)	calcolatrice (f)	[kalkola'tritʃe]
correio (m) de voz	segreteria (f) telefonica	[segrete'ria tele'fonika]
despertador (m)	sveglia (f)	['zveʎʎa]
contatos (m pl)	contatti (m pl)	[kon'tatti]

| mensagem (f) de texto | messaggio (m) SMS | [mes'sadʒo ese'mese] |
| assinante (m) | abbonato (m) | [abbo'nato] |

81. Estacionário

| caneta (f) | penna (f) a sfera | [penna a 'sfera] |
| caneta (f) tinteiro | penna (f) stilografica | ['penna stilo'grafika] |

lápis (m)	matita (f)	[ma'tita]
marcador (m) de texto	evidenziatore (m)	[evidentsja'tore]
caneta (f) hidrográfica	pennarello (m)	[penna'rello]

| bloco (m) de notas | taccuino (m) | [tak'kwino] |
| agenda (f) | agenda (f) | [a'dʒenda] |

régua (f)	righello (m)	[ri'gello]
calculadora (f)	calcolatrice (f)	[kalkola'tritʃe]
borracha (f)	gomma (f) per cancellare	['gomma per kantʃel'lare]

| alfinete (m) | puntina (f) | [pun'tina] |
| clipe (m) | graffetta (f) | [graf'fetta] |

cola (f)	colla (f)	['kolla]
grampeador (m)	pinzatrice (f)	[pintsa'tritʃe]
furador (m) de papel	perforatrice (f)	[perfora'tritʃe]
apontador (m)	temperamatite (m)	[temperama'tite]

82. Tipos de negócios

serviços (m pl) de contabilidade	servizi (m pl) di contabilità	[ser'vitsi di kontabili'ta]
publicidade (f)	pubblicità (f)	[pubbliʧi'ta]
agência (f) de publicidade	agenzia (f) pubblicitaria	[adʒen'tsia pubbliʧi'taria]
ar (m) condicionado	condizionatori (m pl) d'aria	[konditsjona'tori 'daria]
companhia (f) aérea	compagnia (f) aerea	[kompa'ɲia a'erea]
bebidas (f pl) alcoólicas	bevande (f pl) alcoliche	[be'vande al'kolike]
comércio (m) de antiguidades	antiquariato (m)	[antikwa'rjato]
galeria (f) de arte	galleria (f) d'arte	[galle'ria 'darte]
serviços (m pl) de auditoria	società (f) di revisione contabile	[soʧe'ta di revi'zone kon'tabile]
negócios (m pl) bancários	imprese (f pl) bancarie	[im'preze ban'karie]
bar (m)	bar (m)	[bar]
salão (m) de beleza	salone (m) di bellezza	[sa'lone di bel'lettsa]
livraria (f)	libreria (f)	[libre'ria]
cervejaria (f)	birreria (f)	[birre'ria]
centro (m) de escritórios	business centro (m)	['biznes 'ʧentro]
escola (f) de negócios	scuola (f) di commercio	['skwola di kom'merʧo]
cassino (m)	casinò (m)	[kazi'no]
construção (f)	edilizia (f)	[edi'litsia]
consultoria (f)	consulenza (f)	[konsu'lentsa]
clínica (f) dentária	odontoiatria (f)	[odontoja'tria]
design (m)	design (m)	[di'zajn]
drogaria (f)	farmacia (f)	[farma'ʧia]
lavanderia (f)	lavanderia (f) a secco	[lavande'ria a 'sekko]
agência (f) de emprego	agenzia (f) di collocamento	[adʒen'tsia di kolloka'mento]
serviços (m pl) financeiros	servizi (m pl) finanziari	[ser'vitsi finan'tsjari]
alimentos (m pl)	industria (f) alimentare	[in'dustria alimen'tare]
funerária (f)	agenzia (f) di pompe funebri	[adʒen'tsia di 'pompe 'funebri]
mobiliário (m)	mobili (m pl)	['mobili]
roupa (f)	abbigliamento (m)	[abbiʎʎa'mento]
hotel (m)	albergo, hotel (m)	[al'bergo], [o'tel]
sorvete (m)	gelato (m)	[dʒe'lato]
indústria (f)	industria (f)	[in'dustria]
seguro (~ de vida, etc.)	assicurazione (f)	[assikura'tsjone]
internet (f)	internet (f)	['internet]
investimento (m)	investimenti (m pl)	[investi'menti]
joalheiro (m)	gioielliere (m)	[dʒojel'ljere]
joias (f pl)	gioielli (m pl)	[dʒo'jelli]
lavanderia (f)	lavanderia (f)	[lavande'ria]
assessorias (f pl) jurídicas	consulente (m) legale	[konsu'lente le'gale]
indústria (f) ligeira	industria (f) leggera	[in'dustria le'dʒera]
revista (f)	rivista (f)	[ri'vista]
vendas (f pl) por catálogo	vendite (f pl) per corrispondenza	['vendite per korrispon'dentsa]

medicina (f)	medicina (f)	[medi'tʃina]
cinema (m)	cinema (m)	['tʃinema]
museu (m)	museo (m)	[mu'zeo]

agência (f) de notícias	agenzia (f) di stampa	[adʒen'tsia di 'stampa]
jornal (m)	giornale (m)	[dʒor'nale]
boate (casa noturna)	locale notturno (m)	[lo'kale not'turno]

petróleo (m)	petrolio (m)	[pe'trolio]
serviços (m pl) de remessa	corriere (m) espresso	[kor'rjere e'spresso]
indústria (f) farmacêutica	farmaci (m pl)	['farmatʃi]
tipografia (f)	stampa (f)	['stampa]
editora (f)	casa (f) editrice	['kaza edi'tritʃe]

rádio (m)	radio (f)	['radio]
imobiliário (m)	beni (m pl) immobili	['beni im'mobili]
restaurante (m)	ristorante (m)	[risto'rante]

empresa (f) de segurança	agenzia (f) di sicurezza	[adʒen'tsia di siku'rettsa]
esporte (m)	sport (m)	[sport]
bolsa (f) de valores	borsa (f)	['borsa]
loja (f)	negozio (m)	[ne'gotsio]
supermercado (m)	supermercato (m)	[supermer'kato]
piscina (f)	piscina (f)	[pi'ʃina]

alfaiataria (f)	sartoria (f)	[sarto'ria]
televisão (f)	televisione (f)	[televi'zjone]
teatro (m)	teatro (m)	[te'atro]
comércio (m)	commercio (m)	[kom'mertʃo]
serviços (m pl) de transporte	mezzi (m pl) di trasporto	['meddzi di tras'porto]
viagens (f pl)	viaggio (m)	['vjadʒo]

veterinário (m)	veterinario (m)	[veteri'nario]
armazém (m)	deposito, magazzino (m)	[de'pozito], [magad'dzino]
recolha (f) do lixo	trattamento (m) dei rifiuti	[tratta'mento dei ri'fjuti]

Emprego. Negócios. Parte 2

83. Espetáculo. Feira

feira, exposição (f)	fiera (f)	['fjera]
feira (f) comercial	fiera (f) campionaria	['fjera kampjo'naria]
participação (f)	partecipazione (f)	[partetʃipa'tsjone]
participar (vi)	partecipare (vi)	[partetʃi'pare]
participante (m)	partecipante (m)	[partetʃi'pante]
diretor (m)	direttore (m)	[diret'tore]
direção (f)	ufficio (m) organizzativo	[uf'fitʃo organiddza'tivo]
organizador (m)	organizzatore (m)	[organiddza'tore]
organizar (vt)	organizzare (vt)	[organid'dzare]
ficha (f) de inscrição	domanda (f) di partecipazione	[do'manda di partetʃipa'tsjone]
preencher (vt)	riempire (vt)	[riem'pire]
detalhes (m pl)	dettagli (m pl)	[det'taʎʎi]
informação (f)	informazione (f)	[informa'tsjone]
preço (m)	prezzo (m)	['prettso]
incluindo	incluso	[in'kluzo]
incluir (vt)	includere (vt)	[in'kludere]
pagar (vt)	pagare (vi, vt)	[pa'gare]
taxa (f) de inscrição	quota (f) d'iscrizione	['kwota diskri'tsjone]
entrada (f)	entrata (f)	[en'trata]
pavilhão (m), salão (f)	padiglione (m)	[padiʎ'ʎone]
inscrever (vt)	registrare (vt)	[redʒi'strare]
crachá (m)	tesserino (m)	[tesse'rino]
stand (m)	stand (m)	[stend]
reservar (vt)	prenotare, riservare	[preno'tare], [rizer'vare]
vitrine (f)	vetrina (f)	[ve'trina]
lâmpada (f)	faretto (m)	[fa'retto]
design (m)	design (m)	[di'zajn]
pôr (posicionar)	collocare (vt)	[kollo'kare]
ser colocado, -a	collocarsi (vr)	[kollo'karsi]
distribuidor (m)	distributore (m)	[distribu'tore]
fornecedor (m)	fornitore (m)	[forni'tore]
fornecer (vt)	fornire (vt)	[for'nire]
país (m)	paese (m)	[pa'eze]
estrangeiro (adj)	straniero	[stra'njero]
produto (m)	prodotto (m)	[pro'dotto]
associação (f)	associazione (f)	[assotʃa'tsjone]

sala (f) de conferência	sala (f) conferenze	['sala konfe'rentse]
congresso (m)	congresso (m)	[kon'gresso]
concurso (m)	concorso (m)	[kon'korso]
visitante (m)	visitatore (m)	[vizita'tore]
visitar (vt)	visitare (vt)	[vizi'tare]
cliente (m)	cliente (m)	[kli'ente]

84. Ciência. Investigação. Cientistas

ciência (f)	scienza (f)	[ʃi'entsa]
científico (adj)	scientifico	[ʃien'tifiko]
cientista (m)	scienziato (m)	[ʃien'tsjato]
teoria (f)	teoria (f)	[teo'rla]
axioma (m)	assioma (m)	[as'sjoma]
análise (f)	analisi (f)	[a'nalizi]
analisar (vt)	analizzare (vt)	[analid'dzare]
argumento (m)	argomento (m)	[argo'mento]
substância (f)	sostanza (f)	[so'stantsa]
hipótese (f)	ipotesi (f)	[i'potezi]
dilema (m)	dilemma (m)	[di'lemma]
tese (f)	tesi (f)	['tezi]
dogma (m)	dogma (m)	['dogma]
doutrina (f)	dottrina (f)	[dot'trina]
pesquisa (f)	ricerca (f)	[ri'tʃerka]
pesquisar (vt)	fare ricerche	['fare ri'tʃerke]
testes (m pl)	prova (f)	['prova]
laboratório (m)	laboratorio (m)	[labora'torio]
método (m)	metodo (m)	['metodo]
molécula (f)	molecola (f)	[mo'lekola]
monitoramento (m)	monitoraggio (m)	[monito'radʒo]
descoberta (f)	scoperta (f)	[sko'perta]
postulado (m)	postulato (m)	[postu'lato]
princípio (m)	principio (m)	[prin'tʃipjo]
prognóstico (previsão)	previsione (f)	[previ'zjone]
prognosticar (vt)	fare previsioni	[fare previ'zjoni]
síntese (f)	sintesi (f)	['sintezi]
tendência (f)	tendenza (f)	[ten'dentsa]
teorema (m)	teorema (m)	[teo'rema]
ensinamentos (m pl)	insegnamento (m)	[inse'ɲamento]
fato (m)	fatto (m)	['fatto]
expedição (f)	spedizione (f)	[spedi'tsjone]
experiência (f)	esperimento (m)	[esperi'mento]
acadêmico (m)	accademico (m)	[akka'demiko]
bacharel (m)	laureato (m)	[laure'ato]
doutor (m)	dottore (m)	[dot'tore]

professor (m) associado	**professore** (m) **associato**	[profes'sore assotʃi'ato]
mestrado (m)	**Master** (m)	['master]
professor (m)	**professore** (m)	[profes'sore]

Profissões e ocupações

85. Procura de emprego. Demissão

trabalho (m)	lavoro (m)	[la'voro]
equipe (f)	organico (m)	[or'ganiko]
pessoal (m)	personale (m)	[perso'nale]
carreira (f)	carriera (f)	[kar'rjera]
perspectivas (f pl)	prospettiva (f)	[prospet'tiva]
habilidades (f pl)	abilità (f pl)	[abili'ta]
seleção (f)	selezione (f)	[sele'tsjone]
agência (f) de emprego	agenzia (f) di collocamento	[adʒen'tsia di kolloka'mento]
currículo (m)	curriculum vitae (f)	[kur'rikulum 'vite]
entrevista (f) de emprego	colloquio (m)	[kol'lokwio]
vaga (f)	posto (m) vacante	['posto va'kante]
salário (m)	salario (m)	[sa'lario]
salário (m) fixo	stipendio (m) fisso	[sti'pendio 'fisso]
pagamento (m)	compenso (m)	[kom'penso]
cargo (m)	carica (f)	['karika]
dever (do empregado)	mansione (f)	[man'sjone]
gama (f) de deveres	mansioni (f pl) di lavoro	[man'sjoni di la'voro]
ocupado (adj)	occupato	[okku'pato]
despedir, demitir (vt)	licenziare (vt)	[litʃen'tsjare]
demissão (f)	licenziamento (m)	[litʃentsja'mento]
desemprego (m)	disoccupazione (f)	[disokkupa'tsjone]
desempregado (m)	disoccupato (m)	[disokku'pato]
aposentadoria (f)	pensionamento (m)	[pensjona'mento]
aposentar-se (vr)	andare in pensione	[an'dare in pen'sjone]

86. Gente de negócios

diretor (m)	direttore (m)	[diret'tore]
gerente (m)	dirigente (m)	[diri'dʒente]
patrão, chefe (m)	capo (m)	['kapo]
superior (m)	capo (m), superiore (m)	['kapo], [supe'rjore]
superiores (m pl)	capi (m pl)	['kapi]
presidente (m)	presidente (m)	[prezi'dente]
chairman (m)	presidente (m)	[prezi'dente]
substituto (m)	vice (m)	['vitʃe]
assistente (m)	assistente (m)	[assi'stente]

secretário (m)	segretario (m)	[segre'tario]
secretário (m) pessoal	assistente (m) personale	[assi'stente perso'nale]
homem (m) de negócios	uomo (m) d'affari	[u'omo daf'fari]
empreendedor (m)	imprenditore (m)	[imprendi'tore]
fundador (m)	fondatore (m)	[fonda'tore]
fundar (vt)	fondare (vt)	[fon'dare]
principiador (m)	socio (m)	['sotʃo]
parceiro, sócio (m)	partner (m)	['partner]
acionista (m)	azionista (m)	[atsio'nista]
milionário (m)	milionario (m)	[miljo'nario]
bilionário (m)	miliardario (m)	[miljar'dario]
proprietário (m)	proprietario (m)	[proprie'tario]
proprietário (m) de terras	latifondista (m)	[latifon'dista]
cliente (m)	cliente (m)	[kli'ente]
cliente (m) habitual	cliente (m) abituale	[kli'ente abitu'ale]
comprador (m)	compratore (m)	[kompra'tore]
visitante (m)	visitatore (m)	[vizita'tore]
profissional (m)	professionista (m)	[professjo'nista]
perito (m)	esperto (m)	[e'sperto]
especialista (m)	specialista (m)	[spetʃa'lista]
banqueiro (m)	banchiere (m)	[baɲ'kjere]
corretor (m)	broker (m)	['broker]
caixa (m, f)	cassiere (m)	[kas'sjere]
contador (m)	contabile (m)	[kon'tabile]
guarda (m)	guardia (f) giurata	['gwardia dʒu'rata]
investidor (m)	investitore (m)	[investi'tore]
devedor (m)	debitore (m)	[debi'tore]
credor (m)	creditore (m)	[kredi'tore]
mutuário (m)	mutuatario (m)	[mutua'tario]
importador (m)	importatore (m)	[importa'tore]
exportador (m)	esportatore (m)	[esporta'tore]
produtor (m)	produttore (m)	[produt'tore]
distribuidor (m)	distributore (m)	[distribu'tore]
intermediário (m)	intermediario (m)	[interme'djario]
consultor (m)	consulente (m)	[konsu'lente]
representante comercial	rappresentante (m)	[rapprezen'tante]
agente (m)	agente (m)	[a'dʒente]
agente (m) de seguros	assicuratore (m)	[assikura'tore]

87. Profissões de serviços

cozinheiro (m)	cuoco (m)	[ku'oko]
chefe (m) de cozinha	capocuoco (m)	[kapo·ku'oko]

padeiro (m)	fornaio (m)	[for'najo]
barman (m)	barista (m)	[ba'rista]
garçom (m)	cameriere (m)	[kame'rjere]
garçonete (f)	cameriera (f)	[kame'rjera]

advogado (m)	avvocato (m)	[avvo'kato]
jurista (m)	esperto (m) legale	[e'sperto le'gale]
notário (m)	notaio (m)	[no'tajo]

eletricista (m)	elettricista (m)	[elettri'tʃista]
encanador (m)	idraulico (m)	[i'drauliko]
carpinteiro (m)	falegname (m)	[fale'ɲame]

massagista (m)	massaggiatore (m)	[massadʒa'tore]
massagista (f)	massaggiatrice (f)	[massadʒa'tritʃe]
médico (m)	medico (m)	['mediko]

taxista (m)	taxista (m)	[ta'ksista]
condutor (automobilista)	autista (m)	[au'tista]
entregador (m)	fattorino (m)	[fatto'rino]

camareira (f)	cameriera (f)	[kame'rjera]
guarda (m)	guardia (f) giurata	['gwardia dʒu'rata]
aeromoça (f)	hostess (f)	['ostess]

professor (m)	insegnante (m, f)	[inse'ɲante]
bibliotecário (m)	bibliotecario (m)	[bibliote'kario]
tradutor (m)	traduttore (m)	[tradut'tore]
intérprete (m)	interprete (m)	[in'terprete]
guia (m)	guida (f)	['gwida]

cabeleireiro (m)	parrucchiere (m)	[parruk'kjere]
carteiro (m)	postino (m)	[po'stino]
vendedor (m)	commesso (m)	[kom'messo]

jardineiro (m)	giardiniere (m)	[dʒardi'njere]
criado (m)	domestico (m)	[do'mestiko]
criada (f)	domestica (f)	[do'mestika]
empregada (f) de limpeza	donna (f) delle pulizie	['donna 'delle puli'tsie]

88. Profissões militares e postos

soldado (m) raso	soldato (m) semplice	[sol'dato 'semplitʃe]
sargento (m)	sergente (m)	[ser'dʒente]
tenente (m)	tenente (m)	[te'nente]
capitão (m)	capitano (m)	[kapi'tano]

major (m)	maggiore (m)	[ma'dʒore]
coronel (m)	colonnello (m)	[kolon'nello]
general (m)	generale (m)	[dʒene'rale]
marechal (m)	maresciallo (m)	[mare'ʃallo]
almirante (m)	ammiraglio (m)	[ammi'raʎʎo]
militar (m)	militare (m)	[mili'tare]
soldado (m)	soldato (m)	[sol'dato]

oficial (m)	**ufficiale** (m)	[uffi'tʃale]
comandante (m)	**comandante** (m)	[koman'dante]

guarda (m) de fronteira	**guardia** (f) **di frontiera**	['gwardia di fron'tjera]
operador (m) de rádio	**marconista** (m)	[marko'nista]
explorador (m)	**esploratore** (m)	[esplora'tore]
sapador-mineiro (m)	**geniere** (m)	[dʒe'njere]
atirador (m)	**tiratore** (m)	[tira'tore]
navegador (m)	**navigatore** (m)	[naviga'tore]

89. Oficiais. Padres

rei (m)	**re** (m)	[re]
rainha (f)	**regina** (f)	[re'dʒina]

príncipe (m)	**principe** (m)	['printʃipe]
princesa (f)	**principessa** (f)	[printʃi'pessa]

czar (m)	**zar** (m)	[tsar]
czarina (f)	**zarina** (f)	[tsa'rina]

presidente (m)	**presidente** (m)	[prezi'dente]
ministro (m)	**ministro** (m)	[mi'nistro]
primeiro-ministro (m)	**primo ministro** (m)	['primo mi'nistro]
senador (m)	**senatore** (m)	[sena'tore]

diplomata (m)	**diplomatico** (m)	[diplo'matiko]
cônsul (m)	**console** (m)	['konsole]
embaixador (m)	**ambasciatore** (m)	[ambaʃa'tore]
conselheiro (m)	**consigliere** (m)	[konsiʎ'ʎere]

funcionário (m)	**funzionario** (m)	[funtsio'nario]
prefeito (m)	**prefetto** (m)	[pre'fetto]
Presidente (m) da Câmara	**sindaco** (m)	['sindako]

juiz (m)	**giudice** (m)	['dʒuditʃe]
procurador (m)	**procuratore** (m)	[prokura'tore]

missionário (m)	**missionario** (m)	[missio'nario]
monge (m)	**monaco** (m)	['monako]
abade (m)	**abate** (m)	[a'bate]
rabino (m)	**rabbino** (m)	[rab'bino]

vizir (m)	**visir** (m)	[vi'zir]
xá (m)	**scià** (m)	['ʃa]
xeique (m)	**sceicco** (m)	[ʃe'ikko]

90. Profissões agrícolas

abelheiro (m)	**apicoltore** (m)	[apikol'tore]
pastor (m)	**pastore** (m)	[pa'store]
agrônomo (m)	**agronomo** (m)	[a'gronomo]

| criador (m) de gado | allevatore (m) di bestiame | [alleva'tore di bes'tjame] |
| veterinário (m) | veterinario (m) | [veteri'nario] |

agricultor, fazendeiro (m)	fattore (m)	[fat'tore]
vinicultor (m)	vinificatore (m)	[vinifika'tore]
zoólogo (m)	zoologo (m)	[dzo'ologo]
vaqueiro (m)	cowboy (m)	[kaw'boj]

91. Profissões artísticas

| ator (m) | attore (m) | [at'tore] |
| atriz (f) | attrice (f) | [at'tritʃe] |

| cantor (m) | cantante (m) | [kan'tante] |
| cantora (f) | cantante (f) | [kan'tante] |

| bailarino (m) | danzatore (m) | [dantsa'tore] |
| bailarina (f) | ballerina (f) | [balle'rina] |

| artista (m) | artista (m) | [ar'tista] |
| artista (f) | artista (f) | [ar'tista] |

músico (m)	musicista (m)	[muzi'tʃista]
pianista (m)	pianista (m)	[pia'nista]
guitarrista (m)	chitarrista (m)	[kitar'rista]

maestro (m)	direttore (m) d'orchestra	[diret'tore dor'kestra]
compositor (m)	compositore (m)	[kompozi'tore]
empresário (m)	impresario (m)	[impre'zario]

diretor (m) de cinema	regista (m)	[re'dʒista]
produtor (m)	produttore (m)	[produt'tore]
roteirista (m)	sceneggiatore (m)	[ʃenedʒa'tore]
crítico (m)	critico (m)	['kritiko]

escritor (m)	scrittore (m)	[skrit'tore]
poeta (m)	poeta (m)	[po'eta]
escultor (m)	scultore (m)	[skul'tore]
pintor (m)	pittore (m)	[pit'tore]

malabarista (m)	giocoliere (m)	[dʒoko'ljere]
palhaço (m)	pagliaccio (m)	[paʎ'ʎatʃo]
acrobata (m)	acrobata (m)	[a'krobata]
ilusionista (m)	prestigiatore (m)	[prestidʒa'tore]

92. Várias profissões

médico (m)	medico (m)	['mediko]
enfermeira (f)	infermiera (f)	[infer'mjera]
psiquiatra (m)	psichiatra (m)	[psiki'atra]
dentista (m)	dentista (m)	[den'tista]
cirurgião (m)	chirurgo (m)	[ki'rurgo]

astronauta (m)	astronauta (m)	[astro'nauta]
astrônomo (m)	astronomo (m)	[a'stronomo]
motorista (m)	autista (m)	[au'tista]
maquinista (m)	macchinista (m)	[makki'nista]
mecânico (m)	meccanico (m)	[mek'kaniko]
mineiro (m)	minatore (m)	[mina'tore]
operário (m)	operaio (m)	[ope'rajo]
serralheiro (m)	operaio (m) metallurgico	[ope'rajo metal'lurdʒiko]
marceneiro (m)	falegname (m)	[fale'name]
torneiro (m)	tornitore (m)	[torni'tore]
construtor (m)	operaio (m) edile	[ope'rajo e'dile]
soldador (m)	saldatore (m)	[salda'tore]
professor (m)	professore (m)	[profes'sore]
arquiteto (m)	architetto (m)	[arki'tetto]
historiador (m)	storico (m)	['storiko]
cientista (m)	scienziato (m)	[ʃien'tsjato]
físico (m)	fisico (m)	['fiziko]
químico (m)	chimico (m)	['kimiko]
arqueólogo (m)	archeologo (m)	[arke'ologo]
geólogo (m)	geologo (m)	[dʒe'ologo]
pesquisador (cientista)	ricercatore (m)	[ritʃerka'tore]
babysitter, babá (f)	baby-sitter (f)	[bebi'siter]
professor (m)	insegnante (m, f)	[inse'ɲante]
redator (m)	redattore (m)	[redat'tore]
redator-chefe (m)	redattore capo (m)	[redat'tore 'kapo]
correspondente (m)	corrispondente (m)	[korrispon'dente]
datilógrafa (f)	dattilografa (f)	[datti'lografa]
designer (m)	designer (m)	[di'zajner]
especialista (m) em informática	esperto (m) informatico	[e'sperto infor'matiko]
programador (m)	programmatore (m)	[programma'tore]
engenheiro (m)	ingegnere (m)	[indʒe'ɲere]
marujo (m)	marittimo (m)	[ma'rittimo]
marinheiro (m)	marinaio (m)	[mari'najo]
socorrista (m)	soccorritore (m)	[sokkorri'tore]
bombeiro (m)	pompiere (m)	[pom'pjere]
polícia (m)	poliziotto (m)	[poli'tsjotto]
guarda-noturno (m)	guardiano (m)	[gwar'djano]
detetive (m)	detective (m)	[de'tektiv]
funcionário (m) da alfândega	doganiere (m)	[doga'njere]
guarda-costas (m)	guardia (f) del corpo	['gwardia del 'korpo]
guarda (m) prisional	guardia (f) carceraria	['gwardia kartʃe'raria]
inspetor (m)	ispettore (m)	[ispet'tore]
esportista (m)	sportivo (m)	[spor'tivo]
treinador (m)	allenatore (m)	[allena'tore]

açougueiro (m)	**macellaio** (m)	[matʃel'lajo]
sapateiro (m)	**calzolaio** (m)	[kaltso'lajo]
comerciante (m)	**uomo** (m) **d'affari**	[u'omo daf'fari]
carregador (m)	**caricatore** (m)	[karika'tore]
estilista (m)	**stilista** (m)	[sti'lista]
modelo (f)	**modella** (f)	[mo'della]

93. Ocupações. Estatuto social

estudante (~ de escola)	**scolaro** (m)	[sko'laro]
estudante (~ universitária)	**studente** (m)	[stu'dente]
filósofo (m)	**filosofo** (m)	[fi'lozofo]
economista (m)	**economista** (m)	[ekono'mista]
inventor (m)	**inventore** (m)	[inven'tore]
desempregado (m)	**disoccupato** (m)	[disokku'pato]
aposentado (m)	**pensionato** (m)	[pensjo'nato]
espião (m)	**spia** (f)	['spia]
preso, prisioneiro (m)	**detenuto** (m)	[dete'nuto]
grevista (m)	**scioperante** (m)	[ʃope'rante]
burocrata (m)	**burocrate** (m)	[bu'rokrate]
viajante (m)	**viaggiatore** (m)	[vjadʒa'tore]
homossexual (m)	**omosessuale** (m)	[omosessu'ale]
hacker (m)	**hacker** (m)	['aker]
hippie (m, f)	**hippy**	['ippi]
bandido (m)	**bandito** (m)	[ban'dito]
assassino (m)	**sicario** (m)	[si'kario]
drogado (m)	**drogato** (m)	[dro'gato]
traficante (m)	**trafficante** (m) **di droga**	[traffi'kante di 'droga]
prostituta (f)	**prostituta** (f)	[prosti'tuta]
cafetão (m)	**magnaccia** (m)	[ma'ɲatʃa]
bruxo (m)	**stregone** (m)	[stre'gone]
bruxa (f)	**strega** (f)	['strega]
pirata (m)	**pirata** (m)	[pi'rata]
escravo (m)	**schiavo** (m)	['skjavo]
samurai (m)	**samurai** (m)	[samu'raj]
selvagem (m)	**selvaggio** (m)	[sel'vadʒo]

Educação

94. Escola

escola (f)	scuola (f)	['skwola]
diretor (m) de escola	direttore (m) di scuola	[diret'tore di 'skwola]
aluno (m)	allievo (m)	[al'ljevo]
aluna (f)	allieva (f)	[al'ljeva]
estudante (m)	scolaro (m)	[sko'laro]
estudante (f)	scolara (f)	[sko'lara]
ensinar (vt)	insegnare	[inse'ɲare]
aprender (vt)	imparare (vt)	[impa'rare]
decorar (vt)	imparare a memoria	[impa'rare a me'moria]
estudar (vi)	studiare (vi)	[stu'djare]
estar na escola	frequentare la scuola	[frekwen'tare la 'skwola]
ir à escola	andare a scuola	[an'dare a 'skwola]
alfabeto (m)	alfabeto (m)	[alfa'beto]
disciplina (f)	materia (f)	[ma'teria]
sala (f) de aula	classe (f)	['klasse]
lição, aula (f)	lezione (f)	[le'tsjone]
recreio (m)	ricreazione (f)	[rikrea'tsjone]
toque (m)	campanella (f)	[kampa'nella]
classe (f)	banco (m)	['banko]
quadro (m) negro	lavagna (f)	[la'vaɲa]
nota (f)	voto (m)	['voto]
boa nota (f)	voto (m) alto	['voto 'alto]
nota (f) baixa	voto (m) basso	['voto 'basso]
dar uma nota	dare un voto	['dare un 'voto]
erro (m)	errore (m)	[er'rore]
errar (vi)	fare errori	['fare er'rori]
corrigir (~ um erro)	correggere (vt)	[kor'redʒere]
cola (f)	bigliettino (m)	[biʎʎet'tino]
dever (m) de casa	compiti (m pl)	['kompiti]
exercício (m)	esercizio (m)	[ezer'ʧitsio]
estar presente	essere presente	['essere pre'zente]
estar ausente	essere assente	['essere as'sente]
faltar às aulas	mancare le lezioni	[man'kare le le'tsjoni]
punir (vt)	punire (vt)	[pu'nire]
punição (f)	punizione (f)	[puni'tsjone]
comportamento (m)	comportamento (m)	[komporta'mento]

boletim (m) escolar	**pagella** (f)	[pa'dʒella]
lápis (m)	**matita** (f)	[ma'tita]
borracha (f)	**gomma** (f) **per cancellare**	['gomma per kantʃel'lare]
giz (m)	**gesso** (m)	['dʒesso]
porta-lápis (m)	**astuccio** (m) **portamatite**	[as'tutʃo portama'tite]

mala, pasta, mochila (f)	**cartella** (f)	[kar'tella]
caneta (f)	**penna** (f)	['penna]
caderno (m)	**quaderno** (m)	[kwa'derno]
livro (m) didático	**manuale** (m)	[manu'ale]
compasso (m)	**compasso** (m)	[kom'passo]

traçar (vt)	**disegnare** (vt)	[dize'ɲare]
desenho (m) técnico	**disegno** (m) **tecnico**	[di'zeɲo 'tekniko]

poesia (f)	**poesia** (f)	[poe'zia]
de cor	**a memoria**	[a me'moria]
decorar (vt)	**imparare a memoria**	[impa'rare a me'moria]

férias (f pl)	**vacanze** (f pl) **scolastiche**	[va'kantse sko'lastike]
estar de férias	**essere in vacanza**	['essere in va'kantsa]
passar as férias	**passare le vacanze**	[pas'sare le va'kantse]

teste (m), prova (f)	**prova** (f) **scritta**	['prova 'skritta]
redação (f)	**composizione** (f)	[kompozi'tsjone]
ditado (m)	**dettato** (m)	[det'tato]
exame (m), prova (f)	**esame** (m)	[e'zame]
fazer prova	**sostenere un esame**	[soste'neme un e'zame]
experiência (~ química)	**esperimento** (m)	[esperi'mento]

95. Colégio. Universidade

academia (f)	**accademia** (f)	[akka'demia]
universidade (f)	**università** (f)	[universi'ta]
faculdade (f)	**facoltà** (f)	[fakol'ta]

estudante (m)	**studente** (m)	[stu'dente]
estudante (f)	**studentessa** (f)	[studen'tessa]
professor (m)	**docente** (m, f)	[do'tʃente]

auditório (m)	**aula** (f)	['aula]
graduado (m)	**diplomato** (m)	[diplo'mato]

diploma (m)	**diploma** (m)	[di'ploma]
tese (f)	**tesi** (f)	['tezi]

estudo (obra)	**ricerca** (f)	[ri'tʃerka]
laboratório (m)	**laboratorio** (m)	[labora'torio]

palestra (f)	**lezione** (f)	[le'tsjone]
colega (m) de curso	**compagno** (m) **di corso**	[kom'paɲo di 'korso]

bolsa (f) de estudos	**borsa** (f) **di studio**	['borsa di 'studio]
grau (m) acadêmico	**titolo** (m) **accademico**	['titolo akka'demiko]

96. Ciências. Disciplinas

matemática (f)	matematica (f)	[mate'matika]
álgebra (f)	algebra (f)	['aldʒebra]
geometria (f)	geometria (f)	[dʒeome'tria]
astronomia (f)	astronomia (f)	[astrono'mia]
biologia (f)	biologia (f)	[biolo'dʒia]
geografia (f)	geografia (f)	[dʒeogra'fia]
geologia (f)	geologia (f)	[dʒeolo'dʒia]
história (f)	storia (f)	['storia]
medicina (f)	medicina (f)	[medi'tʃina]
pedagogia (f)	pedagogia (f)	[pedago'dʒia]
direito (m)	diritto (m)	[di'ritto]
física (f)	fisica (f)	['fizika]
química (f)	chimica (f)	['kimika]
filosofia (f)	filosofia (f)	[filozo'fia]
psicologia (f)	psicologia (f)	[psikolo'dʒia]

97. Sistema de escrita. Ortografia

gramática (f)	grammatica (f)	[gram'matika]
vocabulário (m)	lessico (m)	['lessiko]
fonética (f)	fonetica (f)	[fo'netika]
substantivo (m)	sostantivo (m)	[sostan'tivo]
adjetivo (m)	aggettivo (m)	[adʒet'tivo]
verbo (m)	verbo (m)	['verbo]
advérbio (m)	avverbio (m)	[av'verbio]
pronome (m)	pronome (m)	[pro'nome]
interjeição (f)	interiezione (f)	[interje'tsjone]
preposição (f)	preposizione (f)	[prepozi'tsjone]
raiz (f)	radice (f)	[ra'ditʃe]
terminação (f)	desinenza (f)	[dezi'nentsa]
prefixo (m)	prefisso (m)	[pre'fisso]
sílaba (f)	sillaba (f)	['sillaba]
sufixo (m)	suffisso (m)	[suf'fisso]
acento (m)	accento (m)	[a'tʃento]
apóstrofo (f)	apostrofo (m)	[a'postrofo]
ponto (m)	punto (m)	['punto]
vírgula (f)	virgola (f)	['virgola]
ponto e vírgula (m)	punto (m) e virgola	['punto e 'virgola]
dois pontos (m pl)	due punti	['due 'punti]
reticências (f pl)	puntini (m pl) di sospensione	[pun'tini di sospen'sjone]
ponto (m) de interrogação	punto (m) interrogativo	['punto interroga'tivo]
ponto (m) de exclamação	punto (m) esclamativo	['punto esklama'tivo]

aspas (f pl)	virgolette (f pl)	[virgo'lette]
entre aspas	tra virgolette	[tra virgo'lette]
parênteses (m pl)	parentesi (f pl)	[pa'rentezi]
entre parênteses	tra parentesi	[tra pa'rentezi]
hífen (m)	trattino (m)	[trat'tino]
travessão (m)	lineetta (f)	[line'etta]
espaço (m)	spazio (m)	['spatsio]
letra (f)	lettera (f)	['lettera]
letra (f) maiúscula	lettera (f) maiuscola	['lettera ma'juskola]
vogal (f)	vocale (f)	[vo'kale]
consoante (f)	consonante (f)	[konso'nante]
frase (f)	proposizione (f)	[propozi'tsjone]
sujeito (m)	soggetto (m)	[so'dʒetto]
predicado (m)	predicato (m)	[predi'kato]
linha (f)	riga (f)	['riga]
em uma nova linha	a capo	[a 'kapo]
parágrafo (m)	capoverso (m)	[kapo'verso]
palavra (f)	parola (f)	[pa'rola]
grupo (m) de palavras	gruppo (m) di parole	['gruppo di pa'role]
expressão (f)	espressione (f)	[espres'sjone]
sinônimo (m)	sinonimo (m)	[si'nonimo]
antônimo (m)	antonimo (m)	[an'tonimo]
regra (f)	regola (f)	['regola]
exceção (f)	eccezione (f)	[etʃe'tsjone]
correto (adj)	corretto	[kor'retto]
conjugação (f)	coniugazione (f)	[konjuga'tsjone]
declinação (f)	declinazione (f)	[deklina'tsjone]
caso (m)	caso (m) nominativo	['kazo nomina'tivo]
pergunta (f)	domanda (f)	[do'manda]
sublinhar (vt)	sottolineare (vt)	[sottoline'are]
linha (f) pontilhada	linea (f) tratteggiata	['linea tratte'dʒata]

98. Línguas estrangeiras

língua (f)	lingua (f)	['lingua]
estrangeiro (adj)	straniero	[stra'njero]
língua (f) estrangeira	lingua (f) straniera	['lingua stra'njera]
estudar (vt)	studiare (vt)	[stu'djare]
aprender (vt)	imparare (vt)	[impa'rare]
ler (vt)	leggere (vi, vt)	['ledʒere]
falar (vi)	parlare (vi, vt)	[par'lare]
entender (vt)	capire (vt)	[ka'pire]
escrever (vt)	scrivere (vi, vt)	['skrivere]
rapidamente	rapidamente	[rapida'mente]
devagar, lentamente	lentamente	[lenta'mente]

fluentemente	**correntemente**	[korrente'mente]
regras (f pl)	**regole** (f pl)	['regole]
gramática (f)	**grammatica** (f)	[gram'matika]
vocabulário (m)	**lessico** (m)	['lessiko]
fonética (f)	**fonetica** (f)	[fo'netika]
livro (m) didático	**manuale** (m)	[manu'ale]
dicionário (m)	**dizionario** (m)	[ditsjo'nario]
manual (m) autodidático	**manuale** (m) **autodidattico**	[manu'ale autodi'dattiko]
guia (m) de conversação	**frasario** (m)	[fra'zario]
fita (f) cassete	**cassetta** (f)	[kas'setta]
videoteipe (m)	**videocassetta** (f)	[video·kas'setta]
CD (m)	**CD** (m)	[ʧi'di]
DVD (m)	**DVD** (m)	[divu'di]
alfabeto (m)	**alfabeto** (m)	[alfa'beto]
soletrar (vt)	**compitare** (vt)	[kompi'tare]
pronúncia (f)	**pronuncia** (f)	[pro'nunʧa]
sotaque (m)	**accento** (m)	[a'ʧento]
com sotaque	**con un accento**	[kon un a'ʧento]
sem sotaque	**senza accento**	['sentsa a'ʧento]
palavra (f)	**vocabolo** (m)	[vo'kabolo]
sentido (m)	**significato** (m)	[siɲifi'kato]
curso (m)	**corso** (m)	['korso]
inscrever-se (vr)	**iscriversi** (vr)	[is'kriversi]
professor (m)	**insegnante** (m, f)	[inse'ɲante]
tradução (processo)	**traduzione** (f)	[tradu'tsjone]
tradução (texto)	**traduzione** (f)	[tradu'tsjone]
tradutor (m)	**traduttore** (m)	[tradut'tore]
intérprete (m)	**interprete** (m)	[in'terprete]
poliglota (m)	**poliglotta** (m)	[poli'glotta]
memória (f)	**memoria** (f)	[me'moria]

Descanso. Entretenimento. Viagens

99. Viagens

turismo (m)	turismo (m)	[tu'rizmo]
turista (m)	turista (m)	[tu'rista]
viagem (f)	viaggio (m)	['vjadʒo]
aventura (f)	avventura (f)	[avven'tura]
percurso (curta viagem)	viaggio (m)	['vjadʒo]
férias (f pl)	vacanza (f)	[va'kantsa]
estar de férias	essere in vacanza	['essere in va'kantsa]
descanso (m)	riposo (m)	[ri'pozo]
trem (m)	treno (m)	['treno]
de trem (chegar ~)	in treno	[in 'treno]
avião (m)	aereo (m)	[a'ereo]
de avião	in aereo	[in a'ereo]
de carro	in macchina	[in 'makkina]
de navio	in nave	[in 'nave]
bagagem (f)	bagaglio (m)	[ba'gaʎʎo]
mala (f)	valigia (f)	[va'lidʒa]
carrinho (m)	carrello (m)	[kar'rello]
passaporte (m)	passaporto (m)	[passa'porto]
visto (m)	visto (m)	['visto]
passagem (f)	biglietto (m)	[biʎ'ʎetto]
passagem (f) aérea	biglietto (m) aereo	[biʎ'ʎetto a'ereo]
guia (m) de viagem	guida (f)	['gwida]
mapa (m)	carta (f) geografica	['karta dʒeo'grafika]
área (f)	località (f)	[lokali'ta]
lugar (m)	luogo (m)	[lu'ogo]
exotismo (m)	ogetti (m pl) esotici	[o'dʒetti e'zotitʃi]
exótico (adj)	esotico	[e'zotiko]
surpreendente (adj)	sorprendente	[sorpren'dente]
grupo (m)	gruppo (m)	['gruppo]
excursão (f)	escursione (f)	[eskur'sjone]
guia (m)	guida (f)	['gwida]

100. Hotel

hotel (m)	albergo, hotel (m)	[al'bergo], [o'tel]
motel (m)	motel (m)	[mo'tel]
três estrelas	tre stelle	[tre 'stelle]

cinco estrelas	**cinque stelle**	['ʧinkwe 'stelle]
ficar (vi, vt)	**alloggiare** (vi)	[allo'dʒare]

quarto (m)	**camera** (f)	['kamera]
quarto (m) individual	**camera** (f) **singola**	['kamera 'singola]
quarto (m) duplo	**camera** (f) **doppia**	['kamera 'doppia]
reservar um quarto	**prenotare una camera**	[preno'tare 'una 'kamera]

meia pensão (f)	**mezza pensione** (f)	['meddza pen'sjone]
pensão (f) completa	**pensione** (f) **completa**	[pen'sjone kom'pleta]

com banheira	**con bagno**	[kon 'baɲo]
com chuveiro	**con doccia**	[kon 'dotʃa]
televisão (m) por satélite	**televisione** (f) **satellitare**	[televi'zjone satelli'tare]
ar (m) condicionado	**condizionatore** (m)	[konditsiona'tore]
toalha (f)	**asciugamano** (m)	[aʃuga'mano]
chave (f)	**chiave** (f)	['kjave]

administrador (m)	**amministratore** (m)	[amministra'tore]
camareira (f)	**cameriera** (f)	[kame'rjera]
bagageiro (m)	**portabagagli** (m)	[porta·ba'gaʎʎi]
porteiro (m)	**portiere** (m)	[por'tjere]

restaurante (m)	**ristorante** (m)	[risto'rante]
bar (m)	**bar** (m)	[bar]
café (m) da manhã	**colazione** (f)	[kola'tsjone]
jantar (m)	**cena** (f)	['ʧena]
bufê (m)	**buffet** (m)	[buf'fe]

saguão (m)	**hall** (f)	[oll]
elevador (m)	**ascensore** (m)	[aʃen'sore]

NÃO PERTURBE	**NON DISTURBARE**	[non distur'bare]
PROIBIDO FUMAR!	**VIETATO FUMARE!**	[vje'tato fu'mare]

EQUIPAMENTO TÉCNICO. TRANSPORTES

Equipamento técnico. Transportes

101. Computador

computador (m)	computer (m)	[kom'pjuter]
computador (m) portátil	computer (m) portatile	[kom'pjuter por'tatile]
ligar (vt)	accendere (vt)	[a'tʃendere]
desligar (vt)	spegnere (vt)	['speɲere]
teclado (m)	tastiera (f)	[tas'tjera]
tecla (f)	tasto (m)	['tasto]
mouse (m)	mouse (m)	['maus]
tapete (m) para mouse	tappetino (m) del mouse	[tappe'tino del 'maus]
botão (m)	tasto (m)	['tasto]
cursor (m)	cursore (m)	[kur'sore]
monitor (m)	monitor (m)	['monitor]
tela (f)	schermo (m)	['skermo]
disco (m) rígido	disco (m) rigido	['disko 'ridʒido]
capacidade (f) do disco rígido	spazio (m) sul disco rigido	['spatsio sul 'disko 'ridʒido]
memória (f)	memoria (f)	[me'moria]
memória RAM (f)	memoria (f) operativa	[me'moria opera'tiva]
arquivo (m)	file (m)	[fajl]
pasta (f)	cartella (f)	[kar'tella]
abrir (vt)	aprire (vt)	[a'prire]
fechar (vt)	chiudere (vt)	['kjudere]
salvar (vt)	salvare (vt)	[sal'vare]
deletar (vt)	eliminare (vt)	[elimi'nare]
copiar (vt)	copiare (vt)	[ko'pjare]
ordenar (vt)	ordinare (vt)	[ordi'nare]
copiar (vt)	trasferire (vt)	[trasfe'rire]
programa (m)	programma (m)	[pro'gramma]
software (m)	software (m)	['softwea]
programador (m)	programmatore (m)	[programma'tore]
programar (vt)	programmare (vt)	[program'mare]
hacker (m)	hacker (m)	['aker]
senha (f)	password (f)	['password]
vírus (m)	virus (m)	['virus]
detectar (vt)	trovare (vt)	[tro'vare]
byte (m)	byte (m)	[bajt]

megabyte (m)	megabyte (m)	['megabajt]
dados (m pl)	dati (m pl)	['dati]
base (f) de dados	database (m)	['databejz]

cabo (m)	cavo (m)	['kavo]
desconectar (vt)	sconnettere (vt)	[skon'nettere]
conectar (vt)	collegare (vt)	[kolle'gare]

102. Internet. E-mail

internet (f)	internet (f)	['internet]
browser (m)	navigatore (m)	[naviga'tore]
motor (m) de busca	motore (m) di ricerca	[mo'tore di ri'tʃerka]
provedor (m)	provider (m)	[pro'vajder]

webmaster (m)	webmaster (m)	web'master]
website (m)	sito web (m)	['sito web]
web page (f)	pagina web (f)	['padʒina web]

| endereço (m) | indirizzo (m) | [indi'rittso] |
| livro (m) de endereços | rubrica (f) indirizzi | [ru'brika indi'rittsi] |

caixa (f) de correio	casella (f) di posta	[ka'zella di 'posta]
correio (m)	posta (f)	['posta]
cheia (caixa de correio)	battaglia (f)	[bat'taʎʎa]

mensagem (f)	messaggio (m)	[mes'sadʒo]
mensagens (f pl) recebidas	messaggi (m pl) in arrivo	[mes'sadʒi in ar'rivo]
mensagens (f pl) enviadas	messaggi (m pl) in uscita	[mes'sadʒo in u'ʃita]
remetente (m)	mittente (m)	[mit'tente]
enviar (vt)	inviare (vt)	[in'vjare]
envio (m)	invio (m)	[in'vio]
destinatário (m)	destinatario (m)	[destina'tario]
receber (vt)	ricevere (vt)	[ri'tʃevere]

| correspondência (f) | corrispondenza (f) | [korrispon'dentsa] |
| corresponder-se (vr) | essere in corrispondenza | ['essere in korrispon'dentsa] |

arquivo (m)	file (m)	[fajl]
fazer download, baixar (vt)	scaricare (vt)	[skari'kare]
criar (vt)	creare (vt)	[kre'are]
deletar (vt)	eliminare (vt)	[elimi'nare]
deletado (adj)	eliminato	[elimi'nato]

conexão (f)	connessione (f)	[konne'sjone]
velocidade (f)	velocità (f)	[velotʃi'ta]
modem (m)	modem (m)	['modem]
acesso (m)	accesso (m)	[a'tʃesso]
porta (f)	porta (f)	['porta]

conexão (f)	collegamento (m)	[kollega'mento]
conectar (vi)	collegarsi a ...	[kolle'garsi a]
escolher (vt)	scegliere (vt)	['ʃeʎʎere]
buscar (vt)	cercare (vt)	[tʃer'kare]

103. Eletricidade

eletricidade (f)	elettricità (f)	[elettritʃi'ta]
elétrico (adj)	elettrico	[e'lettriko]
planta (f) elétrica	centrale (f) elettrica	[tʃen'trale e'lettrika]
energia (f)	energia (f)	[ener'dʒia]
energia (f) elétrica	energia (f) elettrica	[ener'dʒia e'lettrika]

lâmpada (f)	lampadina (f)	[lampa'dina]
lanterna (f)	torcia (f) elettrica	['tortʃa e'lettrika]
poste (m) de iluminação	lampione (m)	[lam'pjone]

luz (f)	luce (f)	['lutʃe]
ligar (vt)	accendere (vt)	[a'tʃendere]
desligar (vt)	spegnere (vt)	['speɲere]
apagar a luz	spegnere la luce	['speɲere la 'lutʃe]

queimar (vi)	fulminarsi (vr)	[fulmi'narsi]
curto-circuito (m)	corto circuito (m)	['korto tʃir'kwito]
ruptura (f)	rottura (f)	[rot'tura]
contato (m)	contatto (m)	[kon'tatto]

interruptor (m)	interruttore (m)	[interrut'tore]
tomada (de parede)	presa (f) elettrica	['preza e'lettrika]
plugue (m)	spina (f)	['spina]
extensão (f)	prolunga (f)	[pro'lunga]

fusível (m)	fusibile (m)	[fu'zibile]
fio, cabo (m)	filo (m)	['filo]
instalação (f) elétrica	impianto (m) elettrico	[im'pjanto e'lettriko]

ampère (m)	ampere (m)	[am'pere]
amperagem (f)	intensità di corrente	[intensi'ta di kor'rente]
volt (m)	volt (m)	[volt]
voltagem (f)	tensione (f)	[ten'sjone]

| aparelho (m) elétrico | apparecchio (m) elettrico | [appa'rekkjo e'lettriko] |
| indicador (m) | indicatore (m) | [indika'tore] |

eletricista (m)	elettricista (m)	[elettri'tʃista]
soldar (vt)	saldare (vt)	[sal'dare]
soldador (m)	saldatoio (m)	[salda'tojo]
corrente (f) elétrica	corrente (f)	[kor'rente]

104. Ferramentas

ferramenta (f)	utensile (m)	[uten'sile]
ferramentas (f pl)	utensili (m pl)	[uten'sili]
equipamento (m)	impianto (m)	[im'pjanto]

martelo (m)	martello (m)	[mar'tello]
chave (f) de fenda	giravite (m)	[dʒira'vite]
machado (m)	ascia (f)	['aʃa]

serra (f)	sega (f)	['sega]
serrar (vt)	segare (vt)	[se'gare]
plaina (f)	pialla (f)	['pjalla]
aplainar (vt)	piallare (vt)	[pjal'lare]
soldador (m)	saldatoio (m)	[salda'tojo]
soldar (vt)	saldare (vt)	[sal'dare]
lima (f)	lima (f)	['lima]
tenaz (f)	tenaglie (f pl)	[te'naʎʎe]
alicate (m)	pinza (f) a punte piatte	['pintsa a 'punte 'pjatte]
formão (m)	scalpello (m)	[skal'pello]
broca (f)	punta (f) da trapano	['punta da 'trapano]
furadeira (f) elétrica	trapano (m) elettrico	['trapano e'lettriko]
furar (vt)	trapanare (vt)	[trapa'nare]
faca (f)	coltello (m)	[kol'tello]
canivete (m)	coltello (m) da tasca	[kol'tello da 'taska]
lâmina (f)	lama (f)	['lama]
afiado (adj)	affilato	[affi'lato]
cego (adj)	smussato	[zmu'sato]
embotar-se (vr)	smussarsi (vr)	[zmus'sarsi]
afiar, amolar (vt)	affilare (vt)	[affi'lare]
parafuso (m)	bullone (m)	[bul'lone]
porca (f)	dado (m)	['dado]
rosca (f)	filettatura (f)	[filetta'tura]
parafuso (para madeira)	vite (f)	['vite]
prego (m)	chiodo (m)	[ki'odo]
cabeça (f) do prego	testa (f) di chiodo	['testa di ki'odo]
régua (f)	regolo (m)	['regolo]
fita (f) métrica	nastro (m) metrico	['nastro 'metriko]
nível (m)	livella (f)	[li'vella]
lupa (f)	lente (f) d'ingradimento	['lente dingrandi'mento]
medidor (m)	strumento (m) di misurazione	[stru'mento di mizura'tsjone]
medir (vt)	misurare (vt)	[mizu'rare]
escala (f)	scala (f) graduata	['skala gradu'ata]
indicação (f), registro (m)	lettura, indicazione (f)	[let'tura], [indika'tsjone]
compressor (m)	compressore (m)	[kompres'sore]
microscópio (m)	microscopio (m)	[mikro'skopio]
bomba (f)	pompa (f)	['pompa]
robô (m)	robot (m)	[ro'bo]
laser (m)	laser (m)	['lazer]
chave (f) de boca	chiave (f)	['kjave]
fita (f) adesiva	nastro (m) adesivo	['nastro ade'zivo]
cola (f)	colla (f)	['kolla]
lixa (f)	carta (f) smerigliata	['karta zmeriʎ'ʎata]
mola (f)	molla (f)	['molla]

| ímã (m) | magnete (m) | [ma'ɲete] |
| luva (f) | guanti (m pl) | ['gwanti] |

corda (f)	corda (f)	['korda]
cabo (~ de nylon, etc.)	cordone (m)	[kor'done]
fio (m)	filo (m)	['filo]
cabo (~ elétrico)	cavo (m)	['kavo]

marreta (f)	mazza (f)	['mattsa]
pé de cabra (m)	palanchino (m)	[palaŋ'kino]
escada (f) de mão	scala (f) a pioli	['skala a pi'oli]
escada (m)	scala (m) a libretto	['skala a li'bretto]

enroscar (vt)	avvitare (vt)	[avvi'tare]
desenroscar (vt)	svitare (vt)	[zvi'tare]
apertar (vt)	stringere (vt)	['strindʒere]
colar (vt)	incollare (vt)	[inkol'lare]
cortar (vt)	tagliare (vt)	[taʎ'ʎare]

falha (f)	guasto (m)	['gwasto]
conserto (m)	riparazione (f)	[ripara'tsjone]
consertar, reparar (vt)	riparare (vt)	[ripa'rare]
regular, ajustar (vt)	regolare (vt)	[rego'lare]

verificar (vt)	verificare (vt)	[verifi'kare]
verificação (f)	controllo (m)	[kon'trollo]
indicação (f), registro (m)	lettura, indicazione (f)	[let'tura], [indika'tsjone]

| seguro (adj) | sicuro | [si'kuro] |
| complicado (adj) | complesso | [kom'plesso] |

enferrujar (vi)	arrugginire (vi)	[arrudʒi'nire]
enferrujado (adj)	arrugginito	[arrudʒi'nito]
ferrugem (f)	ruggine (f)	['rudʒine]

Transportes

105. Avião

avião (m)	aereo (m)	[a'ereo]
passagem (f) aérea	biglietto (m) aereo	[biʎ'ʎetto a'ereo]
companhia (f) aérea	compagnia (f) aerea	[kompa'ɲia a'erea]
aeroporto (m)	aeroporto (m)	[aero'porto]
supersônico (adj)	supersonico	[super'soniko]
comandante (m) do avião	comandante (m)	[koman'dante]
tripulação (f)	equipaggio (m)	[ekwi'padʒo]
piloto (m)	pilota (m)	[pi'lota]
aeromoça (f)	hostess (f)	['ostess]
copiloto (m)	navigatore (m)	[naviga'tore]
asas (f pl)	ali (f pl)	['ali]
cauda (f)	coda (f)	['koda]
cabine (f)	cabina (f)	[ka'bina]
motor (m)	motore (m)	[mo'tore]
trem (m) de pouso	carrello (m) d'atterraggio	[kar'rello datter'radʒo]
turbina (f)	turbina (f)	[tur'bina]
hélice (f)	elica (f)	['elika]
caixa-preta (f)	scatola (f) nera	['skatola 'nera]
coluna (f) de controle	barra (f) di comando	['barra di ko'mando]
combustível (m)	combustibile (m)	[kombu'stibile]
instruções (f pl) de segurança	safety card (f)	['sejfti kard]
máscara (f) de oxigênio	maschera (f) ad ossigeno	['maskera ad os'sidʒeno]
uniforme (m)	uniforme (f)	[uni'forme]
colete (m) salva-vidas	giubbotto (m) di salvataggio	[dʒub'botto di salva'tadʒo]
paraquedas (m)	paracadute (m)	[paraka'dute]
decolagem (f)	decollo (m)	[de'kollo]
descolar (vi)	decollare (vi)	[dekol'lare]
pista (f) de decolagem	pista (f) di decollo	['pista di de'kollo]
visibilidade (f)	visibilità (f)	[vizibili'ta]
voo (m)	volo (m)	['volo]
altura (f)	altitudine (f)	[alti'tudine]
poço (m) de ar	vuoto (m) d'aria	[vu'oto 'daria]
assento (m)	posto (m)	['posto]
fone (m) de ouvido	cuffia (f)	['kuffia]
mesa (f) retrátil	tavolinetto (m) pieghevole	[tavoli'netto pje'gevole]
janela (f)	oblò (m), finestrino (m)	[ob'lo], [fine'strino]
corredor (m)	corridoio (m)	[korri'dojo]

106. Comboio

trem (m)	treno (m)	['treno]
trem (m) elétrico	elettrotreno (m)	[elettro'treno]
trem (m)	treno (m) rapido	['treno 'rapido]
locomotiva (f) diesel	locomotiva (f) diesel	[lokomo'tiva 'dizel]
locomotiva (f) a vapor	locomotiva (f) a vapore	[lokomo'tiva a va'pore]
vagão (f) de passageiros	carrozza (f)	[kar'rottsa]
vagão-restaurante (m)	vagone (m) ristorante	[va'gone risto'rante]
carris (m pl)	rotaie (f pl)	[ro'taje]
estrada (f) de ferro	ferrovia (f)	[ferro'via]
travessa (f)	traversa (f)	[tra'versa]
plataforma (f)	banchina (f)	[baŋ'kina]
linha (f)	binario (m)	[bi'nario]
semáforo (m)	semaforo (m)	[se'maforo]
estação (f)	stazione (f)	[sta'tsjone]
maquinista (m)	macchinista (m)	[makki'nista]
bagageiro (m)	portabagagli (m)	[porta·ba'gaʎʎi]
hospedeiro, -a (m, f)	cuccettista (m, f)	[kutʃet'tista]
passageiro (m)	passeggero (m)	[passe'dʒero]
revisor (m)	controllore (m)	[kontrol'lore]
corredor (m)	corridoio (m)	[korri'dojo]
freio (m) de emergência	freno (m) di emergenza	['freno di emer'dʒentsa]
compartimento (m)	scompartimento (m)	[skomparti'mento]
cama (f)	cuccetta (f)	[ku'tʃetta]
cama (f) de cima	cuccetta (f) superiore	[ku'tʃetta supe'rjore]
cama (f) de baixo	cuccetta (f) inferiore	[ku'tʃetta infe'rjore]
roupa (f) de cama	biancheria (f) da letto	[bjanke'ria da 'letto]
passagem (f)	biglietto (m)	[biʎ'ʎetto]
horário (m)	orario (m)	[o'rario]
painel (m) de informação	tabellone (m) orari	[tabel'lone o'rari]
partir (vt)	partire (vi)	[par'tire]
partida (f)	partenza (f)	[par'tentsa]
chegar (vi)	arrivare (vi)	[arri'vare]
chegada (f)	arrivo (m)	[ar'rivo]
chegar de trem	arrivare con il treno	[arri'vare kon il 'treno]
pegar o trem	salire sul treno	[sa'lire sul 'treno]
descer de trem	scendere dal treno	['ʃendere dal 'treno]
acidente (m) ferroviário	deragliamento (m)	[deraʎʎa'mento]
descarrilar (vi)	deragliare (vi)	[deraʎ'ʎare]
locomotiva (f) a vapor	locomotiva (f) a vapore	[lokomo'tiva a va'pore]
foguista (m)	fuochista (m)	[fo'kista]
fornalha (f)	forno (m)	['forno]
carvão (m)	carbone (m)	[kar'bone]

107. Barco

navio (m)	nave (f)	['nave]
embarcação (f)	imbarcazione (f)	[imbarka'tsjone]
barco (m) a vapor	piroscafo (m)	[pi'roskafo]
barco (m) fluvial	barca (f) fluviale	['barka flu'vjale]
transatlântico (m)	transatlantico (m)	[transat'lantiko]
cruzeiro (m)	incrociatore (m)	[inkrotʃa'tore]
iate (m)	yacht (m)	[jot]
rebocador (m)	rimorchiatore (m)	[rimorkja'tore]
barcaça (f)	chiatta (f)	['kjatta]
ferry (m)	traghetto (m)	[tra'getto]
veleiro (m)	veliero (m)	[ve'ljero]
bergantim (m)	brigantino (m)	[brigan'tino]
quebra-gelo (m)	rompighiaccio (m)	[rompi'gjatʃo]
submarino (m)	sottomarino (m)	[sottoma'rino]
bote, barco (m)	barca (f)	['barka]
baleeira (bote salva-vidas)	scialuppa (f)	[ʃa'luppa]
bote (m) salva-vidas	scialuppa (f) di salvataggio	[ʃa'luppa di salva'tadʒo]
lancha (f)	motoscafo (m)	[moto'skafo]
capitão (m)	capitano (m)	[kapi'tano]
marinheiro (m)	marittimo (m)	[ma'rittimo]
marujo (m)	marinaio (m)	[mari'najo]
tripulação (f)	equipaggio (m)	[ekwi'padʒo]
contramestre (m)	nostromo (m)	[no'stromo]
grumete (m)	mozzo (m) di nave	['mottso di 'nave]
cozinheiro (m) de bordo	cuoco (m)	[ku'oko]
médico (m) de bordo	medico (m) di bordo	['mediko di 'bordo]
convés (m)	ponte (m)	['ponte]
mastro (m)	albero (m)	['albero]
vela (f)	vela (f)	['vela]
porão (m)	stiva (f)	['stiva]
proa (f)	prua (f)	['prua]
popa (f)	poppa (f)	['poppa]
remo (m)	remo (m)	['remo]
hélice (f)	elica (f)	['elika]
cabine (m)	cabina (f)	[ka'bina]
sala (f) dos oficiais	quadrato (m) degli ufficiali	[kwa'drato 'deʎʎi uffi'tʃali]
sala (f) das máquinas	sala (f) macchine	['sala 'makkine]
ponte (m) de comando	ponte (m) di comando	['ponte di ko'mando]
sala (f) de comunicações	cabina (f) radiotelegrafica	[ka'bina radiotele'grafika]
onda (f)	onda (f)	['onda]
diário (m) de bordo	giornale (m) di bordo	[dʒor'nale di 'bordo]
luneta (f)	cannocchiale (m)	[kannok'kjale]
sino (m)	campana (f)	[kam'pana]

bandeira (f)	bandiera (f)	[ban'djera]
cabo (m)	cavo (m) d'ormeggio	['kavo dor'medʒo]
nó (m)	nodo (m)	['nodo]
corrimão (m)	ringhiera (f)	[rin'gjera]
prancha (f) de embarque	passerella (f)	[passe'rella]
âncora (f)	ancora (f)	['ankora]
recolher a âncora	levare l'ancora	[le'vare 'lankora]
jogar a âncora	gettare l'ancora	[dʒet'tare 'lankora]
amarra (corrente de âncora)	catena (f) dell'ancora	[ka'tena dell 'ankora]
porto (m)	porto (m)	['porto]
cais, amarradouro (m)	banchina (f)	[baŋ'kina]
atracar (vi)	ormeggiarsi (vr)	[orme'dʒarsi]
desatracar (vi)	salpare (vi)	[sal'pare]
viagem (f)	viaggio (m)	['vjadʒo]
cruzeiro (m)	crociera (f)	[kro'ʧera]
rumo (m)	rotta (f)	['rotta]
itinerário (m)	itinerario (m)	[itine'rario]
canal (m) de navegação	tratto (m) navigabile	['tratto navi'gabile]
banco (m) de areia	secca (f)	['sekka]
encalhar (vt)	arenarsi (vr)	[are'narsi]
tempestade (f)	tempesta (f)	[tem'pesta]
sinal (m)	segnale (m)	[se'ɲale]
afundar-se (vr)	affondare (vi)	[affon'dare]
Homem ao mar!	Uomo in mare!	[u'omo in 'mare]
SOS	SOS	['esse o 'esse]
boia (f) salva-vidas	salvagente (m) anulare	[salva'dʒente anu'lare]

108. Aeroporto

aeroporto (m)	aeroporto (m)	[aero'porto]
avião (m)	aereo (m)	[a'ereo]
companhia (f) aérea	compagnia (f) aerea	[kompa'ɲia a'erea]
controlador (m) de tráfego aéreo	controllore (m) di volo	[kontrol'lore di 'volo]
partida (f)	partenza (f)	[par'tentsa]
chegada (f)	arrivo (m)	[ar'rivo]
chegar (vi)	arrivare (vi)	[arri'vare]
hora (f) de partida	ora (f) di partenza	['ora di par'tentsa]
hora (f) de chegada	ora (f) di arrivo	['ora di ar'rivo]
estar atrasado	essere ritardato	['essere ritar'dato]
atraso (m) de voo	volo (m) ritardato	['volo ritar'dato]
painel (m) de informação	tabellone (m) orari	[tabel'lone o'rari]
informação (f)	informazione (f)	[informa'tsjone]
anunciar (vt)	annunciare (vt)	[annun'ʧare]

voo (m)	volo (m)	['volo]
alfândega (f)	dogana (f)	[do'gana]
funcionário (m) da alfândega	doganiere (m)	[doga'njere]
declaração (f) alfandegária	dichiarazione (f)	[dikjara'tsjone]
preencher (vt)	riempire (vt)	[riem'pire]
preencher a declaração	riempire una dichiarazione	[riem'pire 'una dikjara'tsjone]
controle (m) de passaporte	controllo (m) passaporti	[kon'trollo passa'porti]
bagagem (f)	bagaglio (m)	[ba'gaʎʎo]
bagagem (f) de mão	bagaglio (m) a mano	[ba'gaʎʎo a 'mano]
carrinho (m)	carrello (m)	[kar'rello]
pouso (m)	atterraggio (m)	[atter'radʒo]
pista (f) de pouso	pista (f) di atterraggio	['pista di atter'radʒo]
aterrissar (vi)	atterrare (vi)	[atter'rare]
escada (f) de avião	scaletta (f) dell'aereo	[ska'letta dell a'ereo]
check-in (m)	check-in (m)	[tʃek-in]
balcão (m) do check-in	banco (m) del check-in	['banko del tʃek-in]
fazer o check-in	fare il check-in	['fare il tʃek-in]
cartão (m) de embarque	carta (f) d'imbarco	['karta dim'barko]
portão (m) de embarque	porta (f) d'imbarco	['porta dim'barko]
trânsito (m)	transito (m)	['tranzito]
esperar (vi, vt)	aspettare (vt)	[aspet'tare]
sala (f) de espera	sala (f) d'attesa	['sala dat'teza]
despedir-se (acompanhar)	accompagnare (vt)	[akkompa'ɲare]
despedir-se (dizer adeus)	congedarsi (vr)	[kondʒe'darsi]

Eventos

109. Férias. Evento

festa (f)	festa (f)	['festa]
feriado (m) nacional	festa (f) nazionale	['festa natsjo'nale]
feriado (m)	festività (f) civile	[festivi'ta tʃi'vile]
festejar (vt)	festeggiare (vt)	[feste'dʒare]

evento (festa, etc.)	avvenimento (m)	[avveni'mento]
evento (banquete, etc.)	evento (m)	[e'vento]
banquete (m)	banchetto (m)	[baŋ'ketto]
recepção (f)	ricevimento (m)	[ritʃevi'mento]
festim (m)	festino (m)	[fes'tino]

aniversário (m)	anniversario (m)	[anniver'sario]
jubileu (m)	giubileo (m)	[dʒubi'leo]
celebrar (vt)	festeggiare (vt)	[feste'dʒare]

Ano (m) Novo	Capodanno (m)	[kapo'danno]
Feliz Ano Novo!	Buon Anno!	[buo'nanno]

Natal (m)	Natale (m)	[na'tale]
Feliz Natal!	Buon Natale!	[bu'on na'tale]
árvore (f) de Natal	Albero (m) di Natale	['albero di na'tale]
fogos (m pl) de artifício	fuochi (m pl) artificiali	[fu'oki artifi'tʃali]

casamento (m)	nozze (f pl)	['nottse]
noivo (m)	sposo (m)	['spozo]
noiva (f)	sposa (f)	['spoza]

convidar (vt)	invitare (vt)	[invi'tare]
convite (m)	invito (m)	[in'vito]

convidado (m)	ospite (m)	['ospite]
visitar (vt)	andare a trovare	[an'dare a tro'vare]
receber os convidados	accogliere gli invitati	[ak'koʎʎere ʎi invi'tati]

presente (m)	regalo (m)	[re'galo]
oferecer, dar (vt)	offrire (vt)	[of'frire]
receber presentes	ricevere i regali	[ri'tʃevere i re'gali]
buquê (m) de flores	mazzo (m) di fiori	['mattso di 'fjori]

felicitações (f pl)	auguri (m pl)	[au'guri]
felicitar (vt)	augurare (vt)	[augu'rare]

cartão (m) de parabéns	cartolina (f)	[karto'lina]
enviar um cartão postal	mandare una cartolina	[man'dare 'una karto'lina]
receber um cartão postal	ricevere una cartolina	[ri'tʃevere 'una karto'lina]
brinde (m)	brindisi (m)	['brindizi]

oferecer (vt)	offrire (vt)	[of'frire]
champanhe (m)	champagne (m)	[ʃam'paɲ]
divertir-se (vr)	divertirsi (vr)	[diver'tirsi]
diversão (f)	allegria (f)	[alle'gria]
alegria (f)	gioia (f)	['dʒoja]
dança (f)	danza (f), ballo (m)	['dantsa], ['ballo]
dançar (vi)	ballare (vi, vt)	[bal'lare]
valsa (f)	valzer (m)	['valtser]
tango (m)	tango (m)	['tango]

110. Funerais. Enterro

cemitério (m)	cimitero (m)	[ʧimi'tero]
sepultura (f), túmulo (m)	tomba (f)	['tomba]
cruz (f)	croce (f)	['kroʧe]
lápide (f)	pietra (f) tombale	['pjetra tom'bale]
cerca (f)	recinto (m)	[re'ʧinto]
capela (f)	cappella (f)	[kap'pella]
morte (f)	morte (f)	['morte]
morrer (vi)	morire (vi)	[mo'rire]
defunto (m)	defunto (m)	[de'funto]
luto (m)	lutto (m)	['lutto]
enterrar, sepultar (vt)	seppellire (vt)	[seppel'lire]
funerária (f)	sede (f) di pompe funebri	['sede di 'pompe 'funebri]
funeral (m)	funerale (m)	[fune'rale]
coroa (f) de flores	corona (f) di fiori	[ko'rona di 'fjori]
caixão (m)	bara (f)	['bara]
carro (m) funerário	carro (m) funebre	['karro 'funebre]
mortalha (f)	lenzuolo (m) funebre	[lentsu'olo 'funebre]
procissão (f) funerária	corteo (m) funebre	[kor'teo 'funebre]
urna (f) funerária	urna (f) funeraria	['urna fune'raria]
crematório (m)	crematorio (m)	[krema'torio]
obituário (m), necrologia (f)	necrologio (m)	[nekro'lodʒo]
chorar (vi)	piangere (vi)	['pjandʒere]
soluçar (vi)	singhiozzare (vi)	[singjot'tsare]

111. Guerra. Soldados

pelotão (m)	plotone (m)	[plo'tone]
companhia (f)	compagnia (f)	[kompa'ɲia]
regimento (m)	reggimento (m)	[redʒi'mento]
exército (m)	esercito (m)	[e'zerʧito]
divisão (f)	divisione (f)	[divi'zjone]
esquadrão (m)	distaccamento (m)	[distakka'mento]

hoste (f)	armata (f)	[ar'mata]
soldado (m)	soldato (m)	[sol'dato]
oficial (m)	ufficiale (m)	[uffi'tʃale]

soldado (m) raso	soldato (m) semplice	[sol'dato 'semplitʃe]
sargento (m)	sergente (m)	[ser'dʒente]
tenente (m)	tenente (m)	[te'nente]
capitão (m)	capitano (m)	[kapi'tano]
major (m)	maggiore (m)	[ma'dʒore]
coronel (m)	colonnello (m)	[kolon'nello]
general (m)	generale (m)	[dʒene'rale]

marujo (m)	marinaio (m)	[mari'najo]
capitão (m)	capitano (m)	[kapi'tano]
contramestre (m)	nostromo (m)	[no'stromo]

artilheiro (m)	artigliere (m)	[artiʎ'ʎere]
soldado (m) paraquedista	paracadutista (m)	[parakadu'tista]
piloto (m)	pilota (m)	[pi'lota]
navegador (m)	navigatore (m)	[naviga'tore]
mecânico (m)	meccanico (m)	[mek'kaniko]

sapador-mineiro (m)	geniere (m)	[dʒe'njere]
paraquedista (m)	paracadutista (m)	[parakadu'tista]
explorador (m)	esploratore (m)	[esplora'tore]
atirador (m) de tocaia	cecchino (m)	[tʃek'kino]

patrulha (f)	pattuglia (f)	[pat'tuʎʎa]
patrulhar (vt)	pattugliare (vt)	[pattuʎ'ʎare]
sentinela (f)	sentinella (f)	[senti'nella]

guerreiro (m)	guerriero (m)	[gwer'rjero]
patriota (m)	patriota (m)	[patri'ota]
herói (m)	eroe (m)	[e'roe]
heroína (f)	eroina (f)	[ero'ina]

traidor (m)	traditore (m)	[tradi'tore]
desertor (m)	disertore (m)	[dizer'tore]
desertar (vt)	disertare (vi)	[dizer'tare]

mercenário (m)	mercenario (m)	[mertʃe'nario]
recruta (m)	recluta (f)	['rekluta]
voluntário (m)	volontario (m)	[volon'tario]

morto (m)	ucciso (m)	[u'tʃizo]
ferido (m)	ferito (m)	[fe'rito]
prisioneiro (m) de guerra	prigioniero (m) di guerra	[pridʒo'njero di 'gwerra]

112. Guerra. Ações militares. Parte 1

guerra (f)	guerra (f)	['gwerra]
guerrear (vt)	essere in guerra	['essere in 'gwerra]
guerra (f) civil	guerra (f) civile	['gwerra tʃi'vile]
perfidamente	perfidamente	[perfida'mente]

declaração (f) de guerra	dichiarazione (f) di guerra	[dikjara'tsjone di 'gwerra]
declarar guerra	dichiarare (vt)	[dikja'rare]
agressão (f)	aggressione (f)	[aggres'sjone]
atacar (vt)	attaccare (vt)	[attak'kare]
invadir (vt)	invadere (vt)	[in'vadere]
invasor (m)	invasore (m)	[inva'zore]
conquistador (m)	conquistatore (m)	[konkwista'tore]
defesa (f)	difesa (f)	[di'feza]
defender (vt)	difendere (vt)	[di'fendere]
defender-se (vr)	difendersi (vr)	[di'fendersi]
inimigo (m)	nemico (m)	[ne'miko]
adversário (m)	avversario (m)	[avver'sario]
inimigo (adj)	ostile	[o'stile]
estratégia (f)	strategia (f)	[strate'dʒia]
tática (f)	tattica (f)	['tattika]
ordem (f)	ordine (m)	['ordine]
comando (m)	comando (m)	[ko'mando]
ordenar (vt)	ordinare (vt)	[ordi'nare]
missão (f)	missione (f)	[mis'sjone]
secreto (adj)	segreto	[se'greto]
batalha (f)	battaglia (f)	[bat'taʎʎa]
combate (m)	combattimento (m)	[kombatti'mento]
ataque (m)	attacco (m)	[at'takko]
assalto (m)	assalto (m)	[as'salto]
assaltar (vt)	assalire (vt)	[assa'lire]
assédio, sítio (m)	assedio (m)	[as'sedio]
ofensiva (f)	offensiva (f)	[offen'siva]
tomar à ofensiva	passare all'offensiva	[pas'sare all ofen'siva]
retirada (f)	ritirata (f)	[riti'rata]
retirar-se (vr)	ritirarsi (vr)	[riti'rarsi]
cerco (m)	accerchiamento (m)	[atʃerkja'mento]
cercar (vt)	accerchiare (vt)	[atʃer'kjare]
bombardeio (m)	bombardamento (m)	[bombarda'mento]
lançar uma bomba	lanciare una bomba	[lan'tʃare 'una 'bomba]
bombardear (vt)	bombardare (vt)	[bomar'dare]
explosão (f)	esplosione (f)	[esplo'zjone]
tiro (m)	sparo (m)	['sparo]
dar um tiro	sparare un colpo	[spa'rare un 'kolpo]
tiroteio (m)	sparatoria (f)	[spara'toria]
apontar para ...	puntare su ...	[pun'tare su]
apontar (vt)	puntare (vt)	[pun'tare]
acertar (vt)	colpire (vt)	[kol'pire]
afundar (~ um navio, etc.)	affondare (vt)	[affon'dare]

| brecha (f) | falla (f) | ['falla] |
| afundar-se (vr) | affondare (vi) | [affon'dare] |

frente (m)	fronte (m)	['fronte]
evacuação (f)	evacuazione (f)	[evakua'tsjone]
evacuar (vt)	evacuare (vt)	[evaku'are]

trincheira (f)	trincea (f)	[trin'tʃea]
arame (m) enfarpado	filo (m) spinato	['filo spi'nato]
barreira (f) anti-tanque	sbarramento (m)	[zbarra'mento]
torre (f) de vigia	torretta (f) di osservazione	[tor'retta di oserva'tsjone]

hospital (m) militar	ospedale (m) militare	[ospe'dale mili'tare]
ferir (vt)	ferire (vt)	[fe'rire]
ferida (f)	ferita (f)	[fe'rita]
ferido (m)	ferito (m)	[fe'rito]
ficar ferido	rimanere ferito	[rima'nere fe'rito]
grave (ferida ~)	grave	['grave]

113. Guerra. Ações militares. Parte 2

cativeiro (m)	prigionia (f)	[pridʒo'nia]
capturar (vt)	fare prigioniero	['fare pridʒo'njero]
estar em cativeiro	essere prigioniero	['essere pridʒo'njero]
ser aprisionado	essere fatto prigioniero	['essere 'fatto pridʒo'njero]

| campo (m) de concentração | campo (m) di concentramento | ['kampo di kontʃentra'mento] |

| prisioneiro (m) de guerra | prigioniero (m) di guerra | [pridʒo'njero di 'gwerra] |
| escapar (vi) | fuggire (vi) | [fu'dʒire] |

trair (vt)	tradire (vt)	[tra'dire]
traidor (m)	traditore (m)	[tradi'tore]
traição (f)	tradimento (m)	[tradi'mento]

| fuzilar, executar (vt) | fucilare (vt) | [futʃi'lare] |
| fuzilamento (m) | fucilazione (f) | [futʃila'tsjone] |

equipamento (m)	divisa (f) militare	[di'viza mili'tare]
insígnia (f) de ombro	spallina (f)	[spal'lina]
máscara (f) de gás	maschera (f) antigas	['maskera anti'gas]

rádio (m)	radiotrasmettitore (m)	['radio transmetti'tore]
cifra (f), código (m)	codice (m)	['koditʃe]
conspiração (f)	complotto (m)	[kom'plotto]
senha (f)	parola (f) d'ordine	[pa'rola 'dordine]

mina (f)	mina (f)	['mina]
minar (vt)	minare (vt)	[mi'nare]
campo (m) minado	campo (m) minato	['kampo mi'nato]

alarme (m) aéreo	allarme (m) aereo	[al'larme a'ereo]
alarme (m)	allarme (m)	[al'larme]
sinal (m)	segnale (m)	[se'ɲale]

sinalizador (m)	razzo (m) di segnalazione	['raddzo di seɲala'tsjone]
quartel-general (m)	quartier (m) generale	[kwar'tje dʒene'rale]
reconhecimento (m)	esplorazione (m)	[esplora'tore]
situação (f)	situazione (f)	[situa'tsjone]
relatório (m)	rapporto (m)	[rap'porto]
emboscada (f)	agguato (m)	[ag'gwato]
reforço (m)	rinforzo (m)	[rin'fortso]
alvo (m)	bersaglio (m)	[ber'saʎʎo]
campo (m) de tiro	terreno (m) di caccia	[ter'reno di 'katʃa]
manobras (f pl)	manovre (f pl)	[ma'novre]
pânico (m)	panico (m)	['paniko]
devastação (f)	devastazione (f)	[devasta'tsjone]
ruínas (f pl)	distruzione (m)	[distru'tsjone]
destruir (vt)	distruggere (vt)	[di'strudʒere]
sobreviver (vi)	sopravvivere (vi, vt)	[soprav'vivere]
desarmar (vt)	disarmare (vt)	[dizar'mare]
manusear (vt)	maneggiare (vt)	[mane'dʒare]
Sentido!	Attenti!	[at'tenti]
Descansar!	Riposo!	[ri'pozo]
façanha (f)	atto (m) eroico	['atto e'roiko]
juramento (m)	giuramento (m)	[dʒura'mento]
jurar (vi)	giurare (vi)	[dʒu'rare]
condecoração (f)	decorazione (f)	[dekora'tsjone]
condecorar (vt)	decorare qn	[deko'rare]
medalha (f)	medaglia (f)	[me'daʎʎa]
ordem (f)	ordine (m)	['ordine]
vitória (f)	vittoria (f)	[vit'toria]
derrota (f)	sconfitta (m)	[skon'fitta]
armistício (m)	armistizio (m)	[armi'stitsio]
bandeira (f)	bandiera (f)	[ban'djera]
glória (f)	gloria (f)	['gloria]
parada (f)	parata (f)	[pa'rata]
marchar (vi)	marciare (vi)	[mar'tʃare]

114. Armas

arma (f)	armi (f pl)	['armi]
arma (f) de fogo	arma (f) da fuoco	['arma da fu'oko]
arma (f) branca	arma (f) bianca	['arma 'bjanka]
arma (f) química	armi (f pl) chimiche	['armi 'kimike]
nuclear (adj)	nucleare	[nukle'are]
arma (f) nuclear	armi (f pl) nucleari	['armi nukle'ari]
bomba (f)	bomba (f)	['bomba]
bomba (f) atômica	bomba (f) atomica	['bomba a'tomika]

pistola (f)	**pistola** (f)	[pi'stola]
rifle (m)	**fucile** (m)	[fu'tʃile]
semi-automática (f)	**mitra** (m)	['mitra]
metralhadora (f)	**mitragliatrice** (f)	[mitraʎʎa'tritʃe]
boca (f)	**bocca** (f)	['bokka]
cano (m)	**canna** (f)	['kanna]
calibre (m)	**calibro** (m)	['kalibro]
gatilho (m)	**grilletto** (m)	[gril'letto]
mira (f)	**mirino** (m)	[mi'rino]
carregador (m)	**caricatore** (m)	[karika'tore]
coronha (f)	**calcio** (m)	['kaltʃo]
granada (f) de mão	**bomba** (f) **a mano**	['bomba a 'mano]
explosivo (m)	**esplosivo** (m)	[esplo'zivo]
bala (f)	**pallottola** (f)	[pal'lottola]
cartucho (m)	**cartuccia** (f)	[kar'tutʃa]
carga (f)	**carica** (f)	['karika]
munições (f pl)	**munizioni** (f pl)	[muni'tsjoni]
bombardeiro (m)	**bombardiere** (m)	[bombar'djere]
avião (m) de caça	**aereo** (m) **da caccia**	[a'ereo da 'katʃa]
helicóptero (m)	**elicottero** (m)	[eli'kottero]
canhão (m) antiaéreo	**cannone** (m) **antiaereo**	[kan'none anti·a'ereo]
tanque (m)	**carro** (m) **armato**	['karro ar'mato]
canhão (de um tanque)	**cannone** (m)	[kan'none]
artilharia (f)	**artiglieria** (f)	[artiʎʎe'ria]
canhão (m)	**cannone** (m)	[kan'none]
fazer a pontaria	**mirare a ...**	[mi'rare a]
projétil (m)	**proiettile** (m)	[pro'jettile]
granada (f) de morteiro	**granata** (f) **da mortaio**	[gra'nata da mor'tajo]
morteiro (m)	**mortaio** (m)	[mor'tajo]
estilhaço (m)	**scheggia** (f)	['skedʒa]
submarino (m)	**sottomarino** (m)	[sottoma'rino]
torpedo (m)	**siluro** (m)	[si'luro]
míssil (m)	**missile** (m)	['missile]
carregar (uma arma)	**caricare** (vt)	[kari'kare]
disparar, atirar (vi)	**sparare** (vi)	[spa'rare]
apontar para ...	**puntare su ...**	[pun'tare su]
baioneta (f)	**baionetta** (f)	[bajo'netta]
espada (f)	**spada** (f)	['spada]
sabre (m)	**sciabola** (f)	['ʃabola]
lança (f)	**lancia** (f)	['lantʃa]
arco (m)	**arco** (m)	['arko]
flecha (f)	**freccia** (f)	['fretʃa]
mosquete (m)	**moschetto** (m)	[mos'ketto]
besta (f)	**balestra** (f)	[ba'lestra]

115. Povos da antiguidade

primitivo (adj)	**primitivo**	[primi'tivo]
pré-histórico (adj)	**preistorico**	[preis'toriko]
antigo (adj)	**antico**	[an'tiko]

Idade (f) da Pedra	**Età (f) della pietra**	[e'ta 'della 'pjetra]
Idade (f) do Bronze	**Età (f) del bronzo**	[e'ta del 'brondzo]
Era (f) do Gelo	**epoca (f) glaciale**	['epoka gla'tʃale]

tribo (f)	**tribù (f)**	[tri'bu]
canibal (m)	**cannibale (m)**	[kan'nibale]
caçador (m)	**cacciatore (m)**	[katʃa'tore]
caçar (vi)	**cacciare (vt)**	[ka'tʃare]
mamute (m)	**mammut (m)**	[mam'mut]

caverna (f)	**caverna (f), grotta (f)**	[ka'verna], ['grotta]
fogo (m)	**fuoco (m)**	[fu'oko]
fogueira (f)	**falò (m)**	[fa'lo]
pintura (f) rupestre	**pittura (f) rupestre**	[pit'tura ru'pestre]

ferramenta (f)	**strumento (m) di lavoro**	[stru'mento di la'voro]
lança (f)	**lancia (f)**	['lantʃa]
machado (m) de pedra	**ascia (f) di pietra**	['aʃa di 'pjetra]
guerrear (vt)	**essere in guerra**	['essere in 'gwerra]
domesticar (vt)	**addomesticare (vt)**	[addomesti'kare]

ídolo (m)	**idolo (m)**	['idolo]
adorar, venerar (vt)	**idolatrare (vt)**	[idola'trare]
superstição (f)	**superstizione (f)**	[supersti'tsjone]
ritual (m)	**rito (m)**	['rito]

evolução (f)	**evoluzione (f)**	[evolu'tsjone]
desenvolvimento (m)	**sviluppo (m)**	[zvi'luppo]
extinção (f)	**estinzione (f)**	[estin'tsjone]
adaptar-se (vr)	**adattarsi (vr)**	[adat'tarsi]

arqueologia (f)	**archeologia (f)**	[arkeolo'dʒia]
arqueólogo (m)	**archeologo (m)**	[arke'ologo]
arqueológico (adj)	**archeologico**	[arkeo'lodʒiko]

escavação (sítio)	**sito (m) archeologico**	['sito arkeo'lodʒiko]
escavações (f pl)	**scavi (m pl)**	['skavi]
achado (m)	**reperto (m)**	[re'perto]
fragmento (m)	**frammento (m)**	[fram'mento]

116. Idade média

povo (m)	**popolo (m)**	['popolo]
povos (m pl)	**popoli (m pl)**	['popoli]
tribo (f)	**tribù (f)**	[tri'bu]
tribos (f pl)	**tribù (f pl)**	[tri'bu]
bárbaros (pl)	**barbari (m pl)**	['barbari]

galeses (pl)	**galli** (m pl)	['galli]
godos (pl)	**goti** (m pl)	['goti]
eslavos (pl)	**slavi** (m pl)	['zlavi]
viquingues (pl)	**vichinghi** (m pl)	[vi'kingi]

romanos (pl)	**romani** (m pl)	[ro'mani]
romano (adj)	**romano**	[ro'mano]

bizantinos (pl)	**bizantini** (m pl)	[bidzan'tini]
Bizâncio	**Bisanzio** (m)	[bi'zansio]
bizantino (adj)	**bizantino**	[bidzan'tino]

imperador (m)	**imperatore** (m)	[impera'tore]
líder (m)	**capo** (m)	['kapo]
poderoso (adj)	**potente**	[po'tente]
rei (m)	**re** (m)	[re]
governante (m)	**governante** (m)	[gover'nante]

cavaleiro (m)	**cavaliere** (m)	[kava'ljere]
senhor feudal (m)	**feudatario** (m)	[feuda'tario]
feudal (adj)	**feudale**	[feu'dale]
vassalo (m)	**vassallo** (m)	[vas'sallo]

duque (m)	**duca** (m)	['duka]
conde (m)	**conte** (m)	['konte]
barão (m)	**barone** (m)	[ba'rone]
bispo (m)	**vescovo** (m)	['veskovo]

armadura (f)	**armatura** (f)	[arma'tura]
escudo (m)	**scudo** (m)	['skudo]
espada (f)	**spada** (f)	['spada]
viseira (f)	**visiera** (f)	[vi'zjera]
cota (f) de malha	**cotta** (f) **di maglia**	['kotta di 'maʎʎa]

cruzada (f)	**crociata** (f)	[kro'ʧata]
cruzado (m)	**crociato** (m)	[kro'ʧato]

território (m)	**territorio** (m)	[terri'torio]
atacar (vt)	**attaccare** (vt)	[attak'kare]
conquistar (vt)	**conquistare** (vt)	[konkwi'stare]
ocupar, invadir (vt)	**occupare** (vt)	[okku'pare]

assédio, sítio (m)	**assedio** (m)	[as'sedio]
sitiado (adj)	**assediato**	[asse'djato]
assediar, sitiar (vt)	**assediare** (vt)	[asse'djare]

inquisição (f)	**inquisizione** (f)	[inkwizi'tsjone]
inquisidor (m)	**inquisitore** (m)	[inkwizi'tore]
tortura (f)	**tortura** (f)	[tor'tura]
cruel (adj)	**crudele**	[kru'dele]
herege (m)	**eretico** (m)	[e'retiko]
heresia (f)	**eresia** (f)	[ere'zia]

navegação (f) marítima	**navigazione** (f)	[naviga'tsjone]
pirata (m)	**pirata** (m)	[pi'rata]
pirataria (f)	**pirateria** (f)	[pirate'ria]

abordagem (f)	arrembaggio (m)	[arrem'badʒo]
presa (f), butim (m)	bottino (m)	[bot'tino]
tesouros (m pl)	tesori (m)	[te'zori]

descobrimento (m)	scoperta (f)	[sko'perta]
descobrir (novas terras)	scoprire (vt)	[sko'prire]
expedição (f)	spedizione (f)	[spedi'tsjone]

mosqueteiro (m)	moschettiere (m)	[mosket'tjere]
cardeal (m)	cardinale (m)	[kardi'nale]
heráldica (f)	araldica (f)	[a'raldika]
heráldico (adj)	araldico	[a'raldiko]

117. Líder. Chefe. Autoridades

rei (m)	re (m)	[re]
rainha (f)	regina (f)	[re'dʒina]
real (adj)	reale	[re'ale]
reino (m)	regno (m)	['reɲo]

príncipe (m)	principe (m)	['printʃipe]
princesa (f)	principessa (f)	[printʃi'pessa]

presidente (m)	presidente (m)	[prezi'dente]
vice-presidente (m)	vicepresidente (m)	[vitʃe·prezi'dente]
senador (m)	senatore (m)	[sena'tore]

monarca (m)	monarca (m)	[mo'narka]
governante (m)	governante (m)	[gover'nante]
ditador (m)	dittatore (m)	[ditta'tore]
tirano (m)	tiranno (m)	[ti'ranno]
magnata (m)	magnate (m)	[ma'ɲate]

diretor (m)	direttore (m)	[diret'tore]
chefe (m)	capo (m)	['kapo]
gerente (m)	dirigente (m)	[diri'dʒente]
patrão (m)	capo (m)	['kapo]
dono (m)	proprietario (m)	[proprie'tario]

chefe (m)	capo (m)	['kapo]
autoridades (f pl)	autorità (f pl)	[autori'ta]
superiores (m pl)	superiori (m pl)	[supe'rjori]

governador (m)	governatore (m)	[governa'tore]
cônsul (m)	console (m)	['konsole]
diplomata (m)	diplomatico (m)	[diplo'matiko]

Presidente (m) da Câmara	sindaco (m)	['sindako]
xerife (m)	sceriffo (m)	[ʃe'riffo]

imperador (m)	imperatore (m)	[impera'tore]
czar (m)	zar (m)	[tsar]
faraó (m)	faraone (m)	[fara'one]
cã, khan (m)	khan (m)	['kan]

118. Violação da lei. Criminosos. Parte 1

bandido (m)	bandito (m)	[ban'dito]
crime (m)	delitto (m)	[de'litto]
criminoso (m)	criminale (m)	[krimi'nale]
ladrão (m)	ladro (m)	['ladro]
roubar (vt)	rubare (vi, vt)	[ru'bare]
roubo (atividade)	ruberia (f)	[rube'ria]
furto (m)	furto (m)	['furto]
raptar, sequestrar (vt)	rapire (vt)	[ra'pire]
sequestro (m)	rapimento (m)	[rapi'mento]
sequestrador (m)	rapitore (m)	[rapi'tore]
resgate (m)	riscatto (m)	[ris'katto]
pedir resgate	chiedere il riscatto	['kjedere il ris'katto]
roubar (vt)	rapinare (vt)	[rapi'nare]
assaltante (m)	rapinatore (m)	[rapina'tore]
extorquir (vt)	estorcere (vt)	[es'tortʃere]
extorsionário (m)	estorsore (m)	[estor'sore]
extorsão (f)	estorsione (f)	[estor'sjone]
matar, assassinar (vt)	uccidere (vt)	[u'tʃidere]
homicídio (m)	assassinio (m)	[assas'sinio]
homicida, assassino (m)	assassino (m)	[assas'sino]
tiro (m)	sparo (m)	['sparo]
dar um tiro	tirare un colpo	[ti'rare un 'kolpo]
matar a tiro	abbattere (vt)	[ab'battere]
disparar, atirar (vi)	sparare (vi)	[spa'rare]
tiroteio (m)	sparatoria (f)	[spara'toria]
incidente (m)	incidente (m)	[intʃi'dente]
briga (~ de rua)	rissa (f)	['rissa]
Socorro!	Aiuto!	[a'juto]
vítima (f)	vittima (f)	['vittima]
danificar (vt)	danneggiare (vt)	[danne'dʒare]
dano (m)	danno (m)	['danno]
cadáver (m)	cadavere (m)	[ka'davere]
grave (adj)	grave	['grave]
atacar (vt)	aggredire (vt)	[aggre'dire]
bater (espancar)	picchiare (vt)	[pik'kjare]
espancar (vt)	picchiare (vt)	[pik'kjare]
tirar, roubar (dinheiro)	sottrarre (vt)	[sot'trarre]
esfaquear (vt)	accoltellare a morte	[akkolte'lare a 'morte]
mutilar (vt)	mutilare (vt)	[muti'lare]
ferir (vt)	ferire (vt)	[fe'rire]
chantagem (f)	ricatto (m)	[ri'katto]
chantagear (vt)	ricattare (vt)	[rikat'tare]

chantagista (m)	ricattatore (m)	[rikatta'tore]
extorsão (f)	estorsione (f)	[estor'sjone]
extorsionário (m)	estorsore (m)	[estor'sore]
gângster (m)	gangster (m)	['gangster]
máfia (f)	mafia (f)	['mafia]
punguista (m)	borseggiatore (m)	[borsedʒa'tore]
assaltante, ladrão (m)	scassinatore (m)	[skassina'tore]
contrabando (m)	contrabbando (m)	[kontrab'bando]
contrabandista (m)	contrabbandiere (m)	[kontrabban'djere]
falsificação (f)	falsificazione (f)	[falsifika'tsjone]
falsificar (vt)	falsificare (vt)	[falsifi'kare]
falsificado (adj)	falso, falsificato	['falso], [falsifi'kato]

119. Violação da lei. Criminosos. Parte 2

estupro (m)	stupro (m)	['stupro]
estuprar (vt)	stuprare (vt)	[stu'prare]
estuprador (m)	stupratore (m)	[stupra'tore]
maníaco (m)	maniaco (m)	[ma'njako]
prostituta (f)	prostituta (f)	[prosti'tuta]
prostituição (f)	prostituzione (f)	[prostitu'tsjone]
cafetão (m)	magnaccia (m)	[ma'ɲatʃa]
drogado (m)	drogato (m)	[dro'gato]
traficante (m)	trafficante (m) di droga	[traffi'kante di 'droga]
explodir (vt)	far esplodere	[far e'splodere]
explosão (f)	esplosione (f)	[esplo'zjone]
incendiar (vt)	incendiare (vt)	[intʃen'djare]
incendiário (m)	incendiario (m)	[intʃen'djario]
terrorismo (m)	terrorismo (m)	[terro'rizmo]
terrorista (m)	terrorista (m)	[terro'rista]
refém (m)	ostaggio (m)	[os'tadʒo]
enganar (vt)	imbrogliare (vt)	[imbroʎ'ʎare]
engano (m)	imbroglio (m)	[im'broʎʎo]
vigarista (m)	imbroglione (m)	[imbroʎ'ʎone]
subornar (vt)	corrompere (vt)	[kor'rompere]
suborno (atividade)	corruzione (f)	[korru'tsjone]
suborno (dinheiro)	bustarella (f)	[busta'rella]
veneno (m)	veleno (m)	[ve'leno]
envenenar (vt)	avvelenare (vt)	[avvele'nare]
envenenar-se (vr)	avvelenarsi (vr)	[avvele'narsi]
suicídio (m)	suicidio (m)	[sui'tʃidio]
suicida (m)	suicida (m)	[sui'tʃida]
ameaçar (vt)	minacciare (vt)	[mina'tʃare]
ameaça (f)	minaccia (f)	[mi'natʃa]

atentar contra a vida de ...	attentare (vi)	[atten'tare]
atentado (m)	attentato (m)	[atten'tato]
roubar (um carro)	rubare (vt)	[ru'bare]
sequestrar (um avião)	dirottare (vt)	[dirot'tare]
vingança (f)	vendetta (f)	[ven'detta]
vingar (vt)	vendicare (vt)	[vendi'kare]
torturar (vt)	torturare (vt)	[tortu'rare]
tortura (f)	tortura (f)	[tor'tura]
atormentar (vt)	maltrattare (vt)	[maltrat'tare]
pirata (m)	pirata (m)	[pi'rata]
desordeiro (m)	teppista (m)	[tep'pista]
armado (adj)	armato	[ar'mato]
violência (f)	violenza (f)	[vio'lentsa]
ilegal (adj)	illegale	[ille'gale]
espionagem (f)	spionaggio (m)	[spio'nadʒo]
espionar (vi)	spiare (vi)	[spi'are]

120. Polícia. Lei. Parte 1

justiça (sistema de ~)	giustizia (f)	[dʒu'stitsia]
tribunal (m)	tribunale (m)	[tribu'nale]
juiz (m)	giudice (m)	['dʒuditʃe]
jurados (m pl)	giurati (m)	[dʒu'rati]
tribunal (m) do júri	processo (m) con giuria	[pro'tʃesso kon dʒu'ria]
julgar (vt)	giudicare (vt)	[dʒudi'kare]
advogado (m)	avvocato (m)	[avvo'kato]
réu (m)	imputato (m)	[impu'tato]
banco (m) dos réus	banco (m) degli imputati	['banko 'deʎʎi impu'tati]
acusação (f)	accusa (f)	[ak'kuza]
acusado (m)	accusato (m)	[akku'zato]
sentença (f)	condanna (f)	[kon'danna]
sentenciar (vt)	condannare (vt)	[kondan'nare]
culpado (m)	colpevole (m)	[kol'pevole]
punir (vt)	punire (vt)	[pu'nire]
punição (f)	punizione (f)	[puni'tsjone]
multa (f)	multa (f), ammenda (f)	['multa], [am'menda]
prisão (f) perpétua	ergastolo (m)	[er'gastolo]
pena (f) de morte	pena (f) di morte	['pena di 'morte]
cadeira (f) elétrica	sedia (f) elettrica	['sedia e'lettrika]
forca (f)	impiccagione (f)	[impikka'dʒone]
executar (vt)	giustiziare (vt)	[dʒusti'tsjare]
execução (f)	esecuzione (f)	[ezeku'tsjone]

prisão (f)	prigione (f)	[pri'dʒone]
cela (f) de prisão	cella (f)	['tʃella]

escolta (f)	scorta (f)	['skorta]
guarda (m) prisional	guardia (f) carceraria	['gwardia kartʃe'raria]
preso, prisioneiro (m)	prigioniero (m)	[pridʒo'njero]

algemas (f pl)	manette (f pl)	[ma'nette]
algemar (vt)	mettere le manette	['mettere le ma'nette]

fuga, evasão (f)	fuga (f)	['fuga]
fugir (vi)	fuggire (vi)	[fu'dʒire]
desaparecer (vi)	scomparire (vi)	[skompa'rire]
soltar, libertar (vt)	liberare (vt)	[libe'rare]
anistia (f)	amnistia (f)	[amni'stia]

polícia (instituição)	polizia (f)	[poli'tsia]
polícia (m)	poliziotto (m)	[poli'tsjotto]
delegacia (f) de polícia	commissariato (m)	[kommissa'rjato]
cassetete (m)	manganello (m)	[manga'nello]
megafone (m)	altoparlante (m)	[altopar'lante]

carro (m) de patrulha	macchina (f) di pattuglia	['makkina di pat'tuʎʎa]
sirene (f)	sirena (f)	[si'rena]
ligar a sirene	mettere la sirena	['mettere la si'rena]
toque (m) da sirene	suono (m) della sirena	[su'ono 'della si'rena]

cena (f) do crime	luogo (m) del crimine	[lu'ogo del 'krimine]
testemunha (f)	testimone (m)	[testi'mone]
liberdade (f)	libertà (f)	[liber'ta]
cúmplice (m)	complice (m)	['komplitʃe]
escapar (vi)	fuggire (vi)	[fu'dʒire]
traço (não deixar ~s)	traccia (f)	['tratʃa]

121. Polícia. Lei. Parte 2

procura (f)	ricerca (f)	[ri'tʃerka]
procurar (vt)	cercare (vt)	[tʃer'kare]
suspeita (f)	sospetto (m)	[so'spetto]
suspeito (adj)	sospetto	[so'spetto]
parar (veículo, etc.)	fermare (vt)	[fer'mare]
deter (fazer parar)	arrestare	[arre'stare]

caso (~ criminal)	causa (f)	['kauza]
investigação (f)	inchiesta (f)	[in'kjesta]
detetive (m)	detective (m)	[de'tektiv]
investigador (m)	investigatore (m)	[investiga'tore]
versão (f)	versione (f)	[ver'sjone]

motivo (m)	movente (m)	[mo'vente]
interrogatório (m)	interrogatorio (m)	[interroga'torio]
interrogar (vt)	interrogare (vt)	[interro'gare]
questionar (vt)	interrogare (vt)	[interro'gare]
verificação (f)	controllo (m)	[kon'trollo]

batida (f) policial	retata (f)	[re'tata]
busca (f)	perquisizione (f)	[perkwizi'tsjone]
perseguição (f)	inseguimento (m)	[insegwi'mento]
perseguir (vt)	inseguire (vt)	[inse'gwire]
seguir, rastrear (vt)	essere sulle tracce	['essere sulle 'tratʃe]

prisão (f)	arresto (m)	[ar'resto]
prender (vt)	arrestare	[arre'stare]
pegar, capturar (vt)	catturare (vt)	[kattu'rare]
captura (f)	cattura (f)	[kat'tura]

documento (m)	documento (m)	[doku'mento]
prova (f)	prova (f)	['prova]
provar (vt)	provare (vt)	[pro'vare]
pegada (f)	impronta (f) del piede	[im'pronta del 'pjede]
impressões (f pl) digitais	impronte (f pl) digitali	[im'pronte diʤi'tali]
prova (f)	elemento (m) di prova	[ele'mento di 'prova]

álibi (m)	alibi (m)	['alibi]
inocente (adj)	innocente	[inno'ʧente]
injustiça (f)	ingiustizia (f)	[inʤu'stitsia]
injusto (adj)	ingiusto	[in'ʤusto]

criminal (adj)	criminale	[krimi'nale]
confiscar (vt)	confiscare (vt)	[konfis'kare]
droga (f)	droga (f)	['droga]
arma (f)	armi (f pl)	['armi]
desarmar (vt)	disarmare (vt)	[dizar'mare]
ordenar (vt)	ordinare (vt)	[ordi'nare]
desaparecer (vi)	sparire (vi)	[spa'rire]

lei (f)	legge (f)	['leʤe]
legal (adj)	legale	[le'gale]
ilegal (adj)	illegale	[ille'gale]

| responsabilidade (f) | responsabilità (f) | [responsabili'ta] |
| responsável (adj) | responsabile | [respon'sabile] |

NATUREZA

A Terra. Parte 1

122. Espaço sideral

espaço, cosmo (m)	cosmo (m)	['kozmo]
espacial, cósmico (adj)	cosmico, spaziale	['kozmiko], [spa'tsjale]
espaço (m) cósmico	spazio (m) cosmico	['spatsio 'kozmiko]
mundo (m)	mondo (m)	['mondo]
universo (m)	universo (m)	[uni'verso]
galáxia (f)	galassia (f)	[ga'lassia]
estrela (f)	stella (f)	['stella]
constelação (f)	costellazione (f)	[kostella'tsjone]
planeta (m)	pianeta (m)	[pja'neta]
satélite (m)	satellite (m)	[sa'tellite]
meteorito (m)	meteorite (m)	[meteo'rite]
cometa (m)	cometa (f)	[ko'meta]
asteroide (m)	asteroide (m)	[aste'roide]
órbita (f)	orbita (f)	['orbita]
girar (vi)	ruotare (vi)	[ruo'tare]
atmosfera (f)	atmosfera (f)	[atmo'sfera]
Sol (m)	il Sole	[il 'sole]
Sistema (m) Solar	sistema (m) solare	[si'stema so'lare]
eclipse (m) solar	eclisse (f) solare	[e'klisse so'lare]
Terra (f)	la Terra	[la 'terra]
Lua (f)	la Luna	[la 'luna]
Marte (m)	Marte (m)	['marte]
Vênus (f)	Venere (f)	['venere]
Júpiter (m)	Giove (m)	['dʒove]
Saturno (m)	Saturno (m)	[sa'turno]
Mercúrio (m)	Mercurio (m)	[mer'kurio]
Urano (m)	Urano (m)	[u'rano]
Netuno (m)	Nettuno (m)	[net'tuno]
Plutão (m)	Plutone (m)	[plu'tone]
Via Láctea (f)	Via (f) Lattea	['via 'lattea]
Ursa Maior (f)	Orsa (f) Maggiore	['orsa ma'dʒore]
Estrela Polar (f)	Stella (f) Polare	['stella po'lare]
marciano (m)	marziano (m)	[mar'tsjano]
extraterrestre (m)	extraterrestre (m)	[ekstrater'restre]

alienígena (m)	alieno (m)	[a'ljeno]
disco (m) voador	disco (m) volante	['disko vo'lante]
espaçonave (f)	nave (f) spaziale	['nave spa'tsjale]
estação (f) orbital	stazione (f) spaziale	[sta'tsjone spa'tsjale]
lançamento (m)	lancio (m)	['lantʃo]
motor (m)	motore (m)	[mo'tore]
bocal (m)	ugello (m)	[u'dʒello]
combustível (m)	combustibile (m)	[kombu'stibile]
cabine (f)	cabina (f) di pilotaggio	[ka'bina di pilo'tadʒio]
antena (f)	antenna (f)	[an'tenna]
vigia (f)	oblò (m)	[ob'lo]
bateria (f) solar	batteria (f) solare	[batte'ria so'lare]
traje (m) espacial	scafandro (m)	[ska'fandro]
imponderabilidade (f)	imponderabilità (f)	[imponderabili'ta]
oxigênio (m)	ossigeno (m)	[os'sidʒeno]
acoplagem (f)	aggancio (m)	[ag'gantʃo]
fazer uma acoplagem	agganciarsi (vr)	[aggan'tʃarsi]
observatório (m)	osservatorio (m)	[osserva'torio]
telescópio (m)	telescopio (m)	[tele'skopio]
observar (vt)	osservare (vt)	[osser'vare]
explorar (vt)	esplorare (vt)	[esplo'rare]

123. A Terra

Terra (f)	la Terra	[la 'terra]
globo terrestre (Terra)	globo (m) terrestre	['globo ter'restre]
planeta (m)	pianeta (m)	[pja'neta]
atmosfera (f)	atmosfera (f)	[atmo'sfera]
geografia (f)	geografia (f)	[dʒeogra'fia]
natureza (f)	natura (f)	[na'tura]
globo (mapa esférico)	mappamondo (m)	[mappa'mondo]
mapa (m)	carta (f) geografica	['karta dʒeo'grafika]
atlas (m)	atlante (m)	[a'tlante]
Europa (f)	Europa (f)	[eu'ropa]
Ásia (f)	Asia (f)	['azia]
África (f)	Africa (f)	['afrika]
Austrália (f)	Australia (f)	[au'stralia]
América (f)	America (f)	[a'merika]
América (f) do Norte	America (f) del Nord	[a'merika del nord]
América (f) do Sul	America (f) del Sud	[a'merika del sud]
Antártida (f)	Antartide (f)	[an'tartide]
Ártico (m)	Artico (m)	['artiko]

124. Pontos cardeais

norte (m)	**nord** (m)	[nord]
para norte	**a nord**	[a nord]
no norte	**al nord**	[al nord]
do norte (adj)	**del nord**	[del nord]
sul (m)	**sud** (m)	[sud]
para sul	**a sud**	[a sud]
no sul	**al sud**	[al sud]
do sul (adj)	**del sud**	[del sud]
oeste, ocidente (m)	**ovest** (m)	['ovest]
para oeste	**a ovest**	[a 'ovest]
no oeste	**all'ovest**	[all 'ovest]
ocidental (adj)	**dell'ovest, occidentale**	[dell 'ovest], [otʃiden'tale]
leste, oriente (m)	**est** (m)	[est]
para leste	**a est**	[a est]
no leste	**all'est**	[all 'est]
oriental (adj)	**dell'est, orientale**	[dell 'est], [orien'tale]

125. Mar. Oceano

mar (m)	**mare** (m)	['mare]
oceano (m)	**oceano** (m)	[o'tʃeano]
golfo (m)	**golfo** (m)	['golfo]
estreito (m)	**stretto** (m)	['stretto]
terra (f) firme	**terra** (f)	['terra]
continente (m)	**continente** (m)	[konti'nente]
ilha (f)	**isola** (f)	['izola]
península (f)	**penisola** (f)	[pe'nizola]
arquipélago (m)	**arcipelago** (m)	[artʃi'pelago]
baía (f)	**baia** (f)	['baja]
porto (m)	**porto** (m)	['porto]
lagoa (f)	**laguna** (f)	[la'guna]
cabo (m)	**capo** (m)	['kapo]
atol (m)	**atollo** (m)	[a'tollo]
recife (m)	**scogliera** (f)	[skoʎ'ʎera]
coral (m)	**corallo** (m)	[ko'rallo]
recife (m) de coral	**barriera** (f) **corallina**	[bar'rjera koral'lina]
profundo (adj)	**profondo**	[pro'fondo]
profundidade (f)	**profondità** (f)	[profondi'ta]
abismo (m)	**abisso** (m)	[a'bisso]
fossa (f) oceânica	**fossa** (f)	['fossa]
corrente (f)	**corrente** (f)	[kor'rente]
banhar (vt)	**circondare** (vt)	[tʃirkon'dare]
litoral (m)	**litorale** (m)	[lito'rale]

costa (f)	costa (f)	['kosta]
maré (f) alta	alta marea (f)	['alta ma'rea]
refluxo (m)	bassa marea (f)	['bassa ma'rea]
restinga (f)	banco (m) di sabbia	['banko di 'sabbia]
fundo (m)	fondo (m)	['fondo]
onda (f)	onda (f)	['onda]
crista (f) da onda	cresta (f) dell'onda	['kresta dell 'onda]
espuma (f)	schiuma (f)	['skjuma]
tempestade (f)	tempesta (f)	[tem'pesta]
furacão (m)	uragano (m)	[ura'gano]
tsunami (m)	tsunami (m)	[tsu'nami]
calmaria (f)	bonaccia (f)	[bo'natʃa]
calmo (adj)	tranquillo	[tran'kwillo]
polo (m)	polo (m)	['polo]
polar (adj)	polare	[po'lare]
latitude (f)	latitudine (f)	[lati'tudine]
longitude (f)	longitudine (f)	[londʒi'tudine]
paralela (f)	parallelo (m)	[paral'lelo]
equador (m)	equatore (m)	[ekwa'tore]
céu (m)	cielo (m)	['ʧelo]
horizonte (m)	orizzonte (m)	[orid'dzonte]
ar (m)	aria (f)	['aria]
farol (m)	faro (m)	['faro]
mergulhar (vi)	tuffarsi (vr)	[tuf'farsi]
afundar-se (vr)	affondare (vi)	[affon'dare]
tesouros (m pl)	tesori (m)	[te'zori]

126. Nomes de Mares e Oceanos

Oceano (m) Atlântico	Oceano (m) Atlantico	[o'ʧeano at'lantiko]
Oceano (m) Índico	Oceano (m) Indiano	[o'ʧeano indi'ano]
Oceano (m) Pacífico	Oceano (m) Pacifico	[o'ʧeano pa'ʧifiko]
Oceano (m) Ártico	mar (m) Glaciale Artico	[mar gla'ʧale 'artiko]
Mar (m) Negro	mar (m) Nero	[mar 'nero]
Mar (m) Vermelho	mar (m) Rosso	[mar 'rosso]
Mar (m) Amarelo	mar (m) Giallo	[mar 'dʒallo]
Mar (m) Branco	mar (m) Bianco	[mar 'bjanko]
Mar (m) Cáspio	mar (m) Caspio	[mar 'kaspio]
Mar (m) Morto	mar (m) Morto	[mar 'morto]
Mar (m) Mediterrâneo	mar (m) Mediterraneo	[mar mediter'raneo]
Mar (m) Egeu	mar (m) Egeo	[mar e'dʒeo]
Mar (m) Adriático	mar (m) Adriatico	[mar adri'atiko]
Mar (m) Arábico	mar (m) Arabico	[mar a'rabiko]
Mar (m) do Japão	mar (m) del Giappone	[mar del dʒap'pone]

| Mar (m) de Bering | mare (m) di Bering | ['mare di 'bering] |
| Mar (m) da China Meridional | mar (m) Cinese meridionale | [mar ʧi'neze meridio'nale] |

Mar (m) de Coral	mar (m) dei Coralli	[mar 'dei ko'ralli]
Mar (m) de Tasman	mar (m) di Tasmania	[mar di taz'mania]
Mar (m) do Caribe	mar (m) dei Caraibi	[mar dei kara'ibi]

| Mar (m) de Barents | mare (m) di Barents | ['mare di 'barents] |
| Mar (m) de Kara | mare (m) di Kara | ['mare di 'kara] |

Mar (m) do Norte	mare (m) del Nord	['mare del nord]
Mar (m) Báltico	mar (m) Baltico	[mar 'baltiko]
Mar (m) da Noruega	mare (m) di Norvegia	['mare di nor'vedʒa]

127. Montanhas

montanha (f)	monte (m), montagna (f)	['monte], [mon'taɲa]
cordilheira (f)	catena (f) montuosa	[ka'tena montu'oza]
serra (f)	crinale (m)	[kri'nale]

cume (m)	cima (f)	['ʧima]
pico (m)	picco (m)	['pikko]
pé (m)	piedi (m pl)	['pjede]
declive (m)	pendio (m)	[pen'dio]

vulcão (m)	vulcano (m)	[vul'kano]
vulcão (m) ativo	vulcano (m) attivo	[vul'kano at'tivo]
vulcão (m) extinto	vulcano (m) inattivo	[vul'kano inat'tivo]

erupção (f)	eruzione (f)	[eru'tsjone]
cratera (f)	cratere (m)	[kra'tere]
magma (m)	magma (m)	['magma]
lava (f)	lava (f)	['lava]
fundido (lava ~a)	fuso	['fuzo]

cânion, desfiladeiro (m)	canyon (m)	['kenjon]
garganta (f)	gola (f)	['gola]
fenda (f)	crepaccio (m)	[kre'paʧo]
precipício (m)	precipizio (m)	[preʧi'pitsio]

passo, colo (m)	passo (m), valico (m)	['passo], ['valiko]
planalto (m)	altopiano (m)	[alto'pjano]
falésia (f)	falesia (f)	[fa'lezia]
colina (f)	collina (f)	[kol'lina]

geleira (f)	ghiacciaio (m)	[gja'ʧajo]
cachoeira (f)	cascata (f)	[kas'kata]
gêiser (m)	geyser (m)	['gejzer]
lago (m)	lago (m)	['lago]

planície (f)	pianura (f)	[pja'nura]
paisagem (f)	paesaggio (m)	[pae'zadʒo]
eco (m)	eco (f)	['eko]
alpinista (m)	alpinista (m)	[alpi'nista]

escalador (m)	scalatore (m)	[skala'tore]
conquistar (vt)	conquistare (vt)	[konkwi'stare]
subida, escalada (f)	scalata (f)	[ska'lata]

128. Nomes de montanhas

Alpes (m pl)	Alpi (f pl)	['alpi]
Monte Branco (m)	Monte (m) Bianco	['monte 'bjanko]
Pirineus (m pl)	Pirenei (m pl)	[pire'nei]

Cárpatos (m pl)	Carpazi (m pl)	[kar'patsi]
Urais (m pl)	gli Urali (m pl)	[ʎi u'rali]
Cáucaso (m)	Caucaso (m)	['kaukazo]
Elbrus (m)	Monte (m) Elbrus	['monte 'elbrus]

Altai (m)	Monti (m pl) Altai	['monti al'taj]
Tian Shan (m)	Tien Shan (m)	[tjen 'ʃan]
Pamir (m)	Pamir (m)	[pa'mir]
Himalaia (m)	Himalaia (m)	[ima'laja]
monte Everest (m)	Everest (m)	['everest]

| Cordilheira (f) dos Andes | Ande (f pl) | ['ande] |
| Kilimanjaro (m) | Kilimangiaro (m) | [kiliman'dʒaro] |

129. Rios

rio (m)	fiume (m)	['fjume]
fonte, nascente (f)	fonte (f)	['fonte]
leito (m) de rio	letto (m)	['letto]
bacia (f)	bacino (m)	[ba'tʃino]
desaguar no …	sfociare nel …	[sfo'tʃare nel]

| afluente (m) | affluente (m) | [afflu'ente] |
| margem (do rio) | riva (f) | ['riva] |

corrente (f)	corrente (f)	[kor'rente]
rio abaixo	a valle	[a 'valle]
rio acima	a monte	[a 'monte]

inundação (f)	inondazione (f)	[inonda'tsjone]
cheia (f)	piena (f)	['pjena]
transbordar (vi)	straripare (vi)	[strari'pare]
inundar (vt)	inondare (vt)	[inon'dare]

| banco (m) de areia | secca (f) | ['sekka] |
| corredeira (f) | rapida (f) | ['rapida] |

barragem (f)	diga (f)	['diga]
canal (m)	canale (m)	[ka'nale]
reservatório (m) de água	bacino (m) di riserva	[ba'tʃino di ri'zerva]
eclusa (f)	chiusa (f)	['kjuza]
corpo (m) de água	bacino (m) idrico	[ba'tʃino 'idriko]

pântano (m)	**palude** (f)	[pa'lude]
lamaçal (m)	**pantano** (m)	[pan'tano]
redemoinho (m)	**vortice** (m)	['vortitʃe]
riacho (m)	**ruscello** (m)	[ru'ʃello]
potável (adj)	**potabile**	[po'tabile]
doce (água)	**dolce**	['doltʃe]
gelo (m)	**ghiaccio** (m)	['gjatʃo]
congelar-se (vr)	**ghiacciarsi** (vr)	[gja'tʃarsi]

130. Nomes de rios

rio Sena (m)	**Senna** (f)	['senna]
rio Loire (m)	**Loira** (f)	['loira]
rio Tâmisa (m)	**Tamigi** (m)	[ta'midʒi]
rio Reno (m)	**Reno** (m)	['reno]
rio Danúbio (m)	**Danubio** (m)	[da'nubio]
rio Volga (m)	**Volga** (m)	['volga]
rio Don (m)	**Don** (m)	[don]
rio Lena (m)	**Lena** (f)	['lena]
rio Amarelo (m)	**Fiume** (m) **Giallo**	['fjume 'dʒallo]
rio Yangtzé (m)	**Fiume** (m) **Azzurro**	['fjume ad'dzurro]
rio Mekong (m)	**Mekong** (m)	[me'kong]
rio Ganges (m)	**Gange** (m)	['gandʒe]
rio Nilo (m)	**Nilo** (m)	['nilo]
rio Congo (m)	**Congo** (m)	['kongo]
rio Cubango (m)	**Okavango**	[oka'vango]
rio Zambeze (m)	**Zambesi** (m)	[dzam'bezi]
rio Limpopo (m)	**Limpopo** (m)	['limpopo]
rio Mississippi (m)	**Mississippi** (m)	[missis'sippi]

131. Floresta

floresta (f), bosque (m)	**foresta** (f)	[fo'resta]
florestal (adj)	**forestale**	[fores'tale]
mata (f) fechada	**foresta** (f) **fitta**	[fo'resta 'fitta]
arvoredo (m)	**boschetto** (m)	[bos'ketto]
clareira (f)	**radura** (f)	[ra'dura]
matagal (m)	**roveto** (m)	[ro'veto]
mato (m), caatinga (f)	**boscaglia** (f)	[bos'kaʎʎa]
pequena trilha (f)	**sentiero** (m)	[sen'tjero]
ravina (f)	**calanco** (m)	[ka'lanko]
árvore (f)	**albero** (m)	['albero]
folha (f)	**foglia** (f)	['foʎʎa]

folhagem (f)	fogliame (m)	[foʎ'ʎame]
queda (f) das folhas	caduta (f) delle foglie	[ka'duta 'delle 'foʎʎe]
cair (vi)	cadere (vi)	[ka'dere]
topo (m)	cima (f)	['tʃima]

ramo (m)	ramo (m), ramoscello (m)	['ramo], [ramo'ʃello]
galho (m)	ramo (m)	['ramo]
botão (m)	gemma (f)	['dʒemma]
agulha (f)	ago (m)	['ago]
pinha (f)	pigna (f)	['piɲa]

buraco (m) de árvore	cavità (f)	[kavi'ta]
ninho (m)	nido (m)	['nido]
toca (f)	tana (f)	['tana]

tronco (m)	tronco (m)	['tronko]
raiz (f)	radice (f)	[ra'ditʃe]
casca (f) de árvore	corteccia (f)	[kor'tetʃa]
musgo (m)	musco (m)	['musko]

arrancar pela raiz	sradicare (vt)	[zradi'kare]
cortar (vt)	abbattere (vt)	[ab'battere]
desflorestar (vt)	disboscare (vt)	[dizbo'skare]
toco, cepo (m)	ceppo (m)	['tʃeppo]

fogueira (f)	falò (m)	[fa'lo]
incêndio (m) florestal	incendio (m) boschivo	[in'tʃendio bos'kivo]
apagar (vt)	spegnere (vt)	['speɲere]

guarda-parque (m)	guardia (f) forestale	['gwardia fores'tale]
proteção (f)	protezione (f)	[prote'tsjone]
proteger (a natureza)	proteggere (vt)	[pro'tedʒere]
caçador (m) furtivo	bracconiere (m)	[brakko'njere]
armadilha (f)	tagliola (f)	[taʎ'ʎoʎa]

| colher (cogumelos, bagas) | raccogliere (vt) | [rak'koʎʎere] |
| perder-se (vr) | perdersi (vr) | ['perdersi] |

132. Recursos naturais

recursos (m pl) naturais	risorse (f pl) naturali	[ri'sorse natu'rali]
minerais (m pl)	minerali (m pl)	[mine'rali]
depósitos (m pl)	deposito (m)	[de'pozito]
jazida (f)	giacimento (m)	[dʒatʃi'mento]

extrair (vt)	estrarre (vt)	[e'strarre]
extração (f)	estrazione (f)	[estra'tsjone]
minério (m)	minerale (m) grezzo	[mine'rale 'greddzo]
mina (f)	miniera (f)	[mi'njera]
poço (m) de mina	pozzo (m) di miniera	['pottso di mi'njera]
mineiro (m)	minatore (m)	[mina'tore]

| gás (m) | gas (m) | [gas] |
| gasoduto (m) | gasdotto (m) | [gas'dotto] |

petróleo (m)	**petrolio** (m)	[pe'trolio]
oleoduto (m)	**oleodotto** (m)	[oleo'dotto]
poço (m) de petróleo	**torre** (f) **di estrazione**	['torre di estra'tsjone]
torre (f) petrolífera	**torre** (f) **di trivellazione**	['torre di trivella'tsjone]
petroleiro (m)	**petroliera** (f)	[petro'ljera]
areia (f)	**sabbia** (f)	['sabbia]
calcário (m)	**calcare** (m)	[kal'kare]
cascalho (m)	**ghiaia** (f)	['gjaja]
turfa (f)	**torba** (f)	['torba]
argila (f)	**argilla** (f)	[ar'dʒilla]
carvão (m)	**carbone** (m)	[kar'bone]
ferro (m)	**ferro** (m)	['ferro]
ouro (m)	**oro** (m)	['oro]
prata (f)	**argento** (m)	[ar'dʒento]
níquel (m)	**nichel** (m)	['nikel]
cobre (m)	**rame** (m)	['rame]
zinco (m)	**zinco** (m)	['dzinko]
manganês (m)	**manganese** (m)	[manga'neze]
mercúrio (m)	**mercurio** (m)	[mer'kurio]
chumbo (m)	**piombo** (m)	['pjombo]
mineral (m)	**minerale** (m)	[mine'rale]
cristal (m)	**cristallo** (m)	[kris'tallo]
mármore (m)	**marmo** (m)	['marmo]
urânio (m)	**uranio** (m)	[u'ranio]

A Terra. Parte 2

133. Tempo

tempo (m)	tempo (m)	['tempo]
previsão (f) do tempo	previsione (f) del tempo	[previ'zjone del 'tempo]
temperatura (f)	temperatura (f)	[tempera'tura]
termômetro (m)	termometro (m)	[ter'mometro]
barômetro (m)	barometro (m)	[ba'rometro]
úmido (adj)	umido	['umido]
umidade (f)	umidità (f)	[umidi'ta]
calor (m)	caldo (m), afa (f)	['kaldo], ['afa]
tórrido (adj)	molto caldo	['molto 'kaldo]
está muito calor	fa molto caldo	[fa 'molto 'kaldo]
está calor	fa caldo	[fa 'kaldo]
quente (morno)	caldo	['kaldo]
está frio	fa freddo	[fa 'freddo]
frio (adj)	freddo	['freddo]
sol (m)	sole (m)	['sole]
brilhar (vi)	splendere (vi)	['splendere]
de sol, ensolarado	di sole	[di 'sole]
nascer (vi)	levarsi (vr)	[le'varsi]
pôr-se (vr)	tramontare (vi)	[tramon'tare]
nuvem (f)	nuvola (f)	['nuvola]
nublado (adj)	nuvoloso	[nuvo'lozo]
nuvem (f) preta	nube (f) di pioggia	['nube di 'pjodʒa]
escuro, cinzento (adj)	nuvoloso	[nuvo'lozo]
chuva (f)	pioggia (f)	['pjodʒa]
está a chover	piove	['pjove]
chuvoso (adj)	piovoso	[pjo'vozo]
chuviscar (vi)	piovigginare (vi)	[pjovidʒi'nare]
chuva (f) torrencial	pioggia (f) torrenziale	['pjodʒa torren'tsjale]
aguaceiro (m)	acquazzone (m)	[akwat'tsone]
forte (chuva, etc.)	forte	['forte]
poça (f)	pozzanghera (f)	[pot'tsangera]
molhar-se (vr)	bagnarsi (vr)	[ba'ɲarsi]
nevoeiro (m)	foschia (f), nebbia (f)	[fos'kia], ['nebbia]
de nevoeiro	nebbioso	[neb'bjozo]
neve (f)	neve (f)	['neve]
está nevando	nevica	['nevika]

134. Tempo extremo. Catástrofes naturais

trovoada (f)	temporale (m)	[tempo'rale]
relâmpago (m)	fulmine (f)	['fulmine]
relampejar (vi)	lampeggiare (vi)	[lampe'dʒare]
trovão (m)	tuono (m)	[tu'ono]
trovejar (vi)	tuonare (vi)	[tuo'nare]
está trovejando	tuona	[tu'ona]
granizo (m)	grandine (f)	['grandine]
está caindo granizo	grandina	['grandina]
inundar (vt)	inondare (vt)	[inon'dare]
inundação (f)	inondazione (f)	[inonda'tsjone]
terremoto (m)	terremoto (m)	[terre'moto]
abalo, tremor (m)	scossa (f)	['skossa]
epicentro (m)	epicentro (m)	[epi'tʃentro]
erupção (f)	eruzione (f)	[eru'tsjone]
lava (f)	lava (f)	['lava]
tornado (m)	tromba (f) d'aria	['tromba 'daria]
tornado (m)	tornado (m)	[tor'nado]
tufão (m)	tifone (m)	[ti'fone]
furacão (m)	uragano (m)	[ura'gano]
tempestade (f)	tempesta (f)	[tem'pesta]
tsunami (m)	tsunami (m)	[tsu'nami]
ciclone (m)	ciclone (m)	[tʃi'klone]
mau tempo (m)	maltempo (m)	[mal'tempo]
incêndio (m)	incendio (m)	[in'tʃendio]
catástrofe (f)	disastro (m)	[di'zastro]
meteorito (m)	meteorite (m)	[meteo'rite]
avalanche (f)	valanga (f)	[va'langa]
deslizamento (m) de neve	slavina (f)	[zla'vina]
nevasca (f)	tempesta (f) di neve	[tem'pesta di 'neve]
tempestade (f) de neve	bufera (f) di neve	['bufera di 'neve]

Fauna

135. Mamíferos. Predadores

predador (m)	predatore (m)	[preda'tore]
tigre (m)	tigre (f)	['tigre]
leão (m)	leone (m)	[le'one]
lobo (m)	lupo (m)	['lupo]
raposa (f)	volpe (m)	['volpe]
jaguar (m)	giaguaro (m)	[dʒa'gwaro]
leopardo (m)	leopardo (m)	[leo'pardo]
chita (f)	ghepardo (m)	[ge'pardo]
pantera (f)	pantera (f)	[pan'tera]
puma (m)	puma (f)	['puma]
leopardo-das-neves (m)	leopardo (m) delle nevi	[leo'pardo 'delle 'nevi]
lince (m)	lince (f)	['lintʃe]
coiote (m)	coyote (m)	[ko'jote]
chacal (m)	sciacallo (m)	[ʃa'kallo]
hiena (f)	iena (f)	['jena]

136. Animais selvagens

animal (m)	animale (m)	[ani'male]
besta (f)	bestia (f)	['bestia]
esquilo (m)	scoiattolo (m)	[sko'jattolo]
ouriço (m)	riccio (m)	['ritʃo]
lebre (f)	lepre (f)	['lepre]
coelho (m)	coniglio (m)	[ko'niʎʎo]
texugo (m)	tasso (m)	['tasso]
guaxinim (m)	procione (f)	[pro'tʃone]
hamster (m)	criceto (m)	[kri'tʃeto]
marmota (f)	marmotta (f)	[mar'motta]
toupeira (f)	talpa (f)	['talpa]
rato (m)	topo (m)	['topo]
ratazana (f)	ratto (m)	['ratto]
morcego (m)	pipistrello (m)	[pipi'strello]
arminho (m)	ermellino (m)	[ermel'lino]
zibelina (f)	zibellino (m)	[dzibel'lino]
marta (f)	martora (f)	['martora]
doninha (f)	donnola (f)	['donnola]
visom (m)	visone (m)	[vi'zone]

castor (m)	**castoro** (m)	[kas'toro]
lontra (f)	**lontra** (f)	['lontra]
cavalo (m)	**cavallo** (m)	[ka'vallo]
alce (m)	**alce** (m)	['altʃe]
veado (m)	**cervo** (m)	['tʃervo]
camelo (m)	**cammello** (m)	[kam'mello]
bisão (m)	**bisonte** (m) **americano**	[bi'zonte ameri'kano]
auroque (m)	**bisonte** (m) **europeo**	[bi'zonte euro'peo]
búfalo (m)	**bufalo** (m)	['bufalo]
zebra (f)	**zebra** (f)	['dzebra]
antílope (m)	**antilope** (f)	[an'tilope]
corça (f)	**capriolo** (m)	[kapri'olo]
gamo (m)	**daino** (m)	['daino]
camurça (f)	**camoscio** (m)	[ka'moʃo]
javali (m)	**cinghiale** (m)	[tʃin'gjale]
baleia (f)	**balena** (f)	[ba'lena]
foca (f)	**foca** (f)	['foka]
morsa (f)	**tricheco** (m)	[tri'keko]
urso-marinho (m)	**otaria** (f)	[o'taria]
golfinho (m)	**delfino** (m)	[del'fino]
urso (m)	**orso** (m)	['orso]
urso (m) polar	**orso** (m) **bianco**	['orso 'bjanko]
panda (m)	**panda** (m)	['panda]
macaco (m)	**scimmia** (f)	['ʃimmia]
chimpanzé (m)	**scimpanzè** (m)	[ʃimpan'dze]
orangotango (m)	**orango** (m)	[o'rango]
gorila (m)	**gorilla** (m)	[go'rilla]
macaco (m)	**macaco** (m)	[ma'kako]
gibão (m)	**gibbone** (m)	[dʒib'bone]
elefante (m)	**elefante** (m)	[ele'fante]
rinoceronte (m)	**rinoceronte** (m)	[rinotʃe'ronte]
girafa (f)	**giraffa** (f)	[dʒi'raffa]
hipopótamo (m)	**ippopotamo** (m)	[ippo'potamo]
canguru (m)	**canguro** (m)	[kan'guro]
coala (m)	**koala** (m)	[ko'ala]
mangusto (m)	**mangusta** (f)	[man'gusta]
chinchila (f)	**cincillà** (f)	[tʃintʃil'la]
cangambá (f)	**moffetta** (f)	[mof'fetta]
porco-espinho (m)	**istrice** (m)	['istritʃe]

137. Animais domésticos

gata (f)	**gatta** (f)	['gatta]
gato (m) macho	**gatto** (m)	['gatto]
cão (m)	**cane** (m)	['kane]

cavalo (m)	cavallo (m)	[ka'vallo]
garanhão (m)	stallone (m)	[stal'lone]
égua (f)	giumenta (f)	[dʒu'menta]
vaca (f)	mucca (f)	['mukka]
touro (m)	toro (m)	['toro]
boi (m)	bue (m)	['bue]
ovelha (f)	pecora (f)	['pekora]
carneiro (m)	montone (m)	[mon'tone]
cabra (f)	capra (f)	['kapra]
bode (m)	caprone (m)	[kap'rone]
burro (m)	asino (m)	['azino]
mula (f)	mulo (m)	['mulo]
porco (m)	porco (m)	['porko]
leitão (m)	porcellino (m)	[portʃel'lino]
coelho (m)	coniglio (m)	[ko'niʎʎo]
galinha (f)	gallina (f)	[gal'lina]
galo (m)	gallo (m)	['gallo]
pata (f), pato (m)	anatra (f)	['anatra]
pato (m)	maschio (m) dell'anatra	['maskio dell 'anatra]
ganso (m)	oca (f)	['oka]
peru (m)	tacchino (m)	[tak'kino]
perua (f)	tacchina (f)	[tak'kina]
animais (m pl) domésticos	animali (m pl) domestici	[ani'mali do'mestitʃi]
domesticado (adj)	addomesticato	[addomesti'kato]
domesticar (vt)	addomesticare (vt)	[addomesti'kare]
criar (vt)	allevare (vt)	[alle'vare]
fazenda (f)	fattoria (f)	[fatto'ria]
aves (f pl) domésticas	pollame (m)	[pol'lame]
gado (m)	bestiame (m)	[bes'tjame]
rebanho (m), manada (f)	branco (m), mandria (f)	['branko], ['mandria]
estábulo (m)	scuderia (f)	[skude'ria]
chiqueiro (m)	porcile (m)	[por'tʃile]
estábulo (m)	stalla (f)	['stalla]
coelheira (f)	conigliera (f)	[koniʎ'ʎera]
galinheiro (m)	pollaio (m)	[pol'lajo]

138. Pássaros

pássaro (m), ave (f)	uccello (m)	[u'tʃello]
pombo (m)	colombo (m), piccione (m)	[kolombo], [pi'tʃone]
pardal (m)	passero (m)	['passero]
chapim-real (m)	cincia (f)	['tʃintʃa]
pega-rabuda (f)	gazza (f)	['gattsa]
corvo (m)	corvo (m)	['korvo]

gralha-cinzenta (f)	cornacchia (f)	[kor'nakkia]
gralha-de-nuca-cinzenta (f)	taccola (f)	['takkola]
gralha-calva (f)	corvo (m) nero	['korvo 'nero]
pato (m)	anatra (f)	['anatra]
ganso (m)	oca (f)	['oka]
faisão (m)	fagiano (m)	[fa'dʒano]
águia (f)	aquila (f)	['akwila]
açor (m)	astore (m)	[a'store]
falcão (m)	falco (m)	['falko]
abutre (m)	grifone (m)	[gri'fone]
condor (m)	condor (m)	['kondor]
cisne (m)	cigno (m)	['tʃiɲo]
grou (m)	gru (f)	[gru]
cegonha (f)	cicogna (f)	[tʃi'koɲa]
papagaio (m)	pappagallo (m)	[pappa'gallo]
beija-flor (m)	colibrì (m)	[koli'bri]
pavão (m)	pavone (m)	[pa'vone]
avestruz (m)	struzzo (m)	['struttso]
garça (f)	airone (m)	[ai'rone]
flamingo (m)	fenicottero (m)	[feni'kottero]
pelicano (m)	pellicano (m)	[pelli'kano]
rouxinol (m)	usignolo (m)	[uzi'ɲolo]
andorinha (f)	rondine (f)	['rondine]
tordo-zornal (m)	tordo (m)	['tordo]
tordo-músico (m)	tordo (m) sasello	['tordo sa'zello]
melro-preto (m)	merlo (m)	['merlo]
andorinhão (m)	rondone (m)	[ron'done]
cotovia (f)	allodola (f)	[al'lodola]
codorna (f)	quaglia (f)	['kwaʎʎa]
pica-pau (m)	picchio (m)	['pikkio]
cuco (m)	cuculo (m)	['kukulo]
coruja (f)	civetta (f)	[tʃi'vetta]
bufo-real (m)	gufo (m) reale	['gufo re'ale]
tetraz-grande (m)	urogallo (m)	[uro'gallo]
tetraz-lira (m)	fagiano (m) di monte	[fa'dʒano di 'monte]
perdiz-cinzenta (f)	pernice (f)	[per'nitʃe]
estorninho (m)	storno (m)	['storno]
canário (m)	canarino (m)	[kana'rino]
galinha-do-mato (f)	francolino (m) di monte	[franko'lino di 'monte]
tentilhão (m)	fringuello (m)	[frin'gwello]
dom-fafe (m)	ciuffolotto (m)	[tʃuffo'lotto]
gaivota (f)	gabbiano (m)	[gab'bjano]
albatroz (m)	albatro (m)	['albatro]
pinguim (m)	pinguino (m)	[pin'gwino]

139. Peixes. Animais marinhos

brema (f)	abramide (f)	[a'bramide]
carpa (f)	carpa (f)	['karpa]
perca (f)	perca (f)	['perka]
siluro (m)	pesce (m) gatto	['peʃe 'gatto]
lúcio (m)	luccio (m)	['lutʃo]
salmão (m)	salmone (m)	[sal'mone]
esturjão (m)	storione (m)	[sto'rjone]
arenque (m)	aringa (f)	[a'ringa]
salmão (m) do Atlântico	salmone (m)	[sal'mone]
cavala, sarda (f)	scombro (m)	['skombro]
solha (f), linguado (m)	sogliola (f)	['soʎʎoʎa]
lúcio perca (m)	lucioperca (f)	[lutʃo'perka]
bacalhau (m)	merluzzo (m)	[mer'luttso]
atum (m)	tonno (m)	['tonno]
truta (f)	trota (f)	['trota]
enguia (f)	anguilla (f)	[an'gwilla]
raia (f) elétrica	torpedine (f)	[tor'pedine]
moreia (f)	murena (f)	[mu'rena]
piranha (f)	piranha, piragna (f)	[pi'rania]
tubarão (m)	squalo (m)	['skwalo]
golfinho (m)	delfino (m)	[del'fino]
baleia (f)	balena (f)	[ba'lena]
caranguejo (m)	granchio (m)	['graŋkio]
água-viva (f)	medusa (f)	[me'duza]
polvo (m)	polpo (m)	['polpo]
estrela-do-mar (f)	stella (f) marina	['stella ma'rina]
ouriço-do-mar (m)	riccio (m) di mare	['ritʃo di 'mare]
cavalo-marinho (m)	cavalluccio (m) marino	[kaval'lutʃo ma'rino]
ostra (f)	ostrica (f)	['ostrika]
camarão (m)	gamberetto (m)	[gambe'retto]
lagosta (f)	astice (m)	['astitʃe]
lagosta (f)	aragosta (f)	[ara'gosta]

140. Anfíbios. Répteis

cobra (f)	serpente (m)	[ser'pente]
venenoso (adj)	velenoso	[vele'nozo]
víbora (f)	vipera (f)	['vipera]
naja (f)	cobra (m)	['kobra]
píton (m)	pitone (m)	[pi'tone]
jiboia (f)	boa (m)	['boa]
cobra-de-água (f)	biscia (f)	['biʃa]

cascavel (f)	serpente (m) a sonagli	[ser'pente a so'naʎʎi]
anaconda (f)	anaconda (f)	[ana'konda]
lagarto (m)	lucertola (f)	[lu'tʃertola]
iguana (f)	iguana (f)	[i'gwana]
varano (m)	varano (m)	[va'rano]
salamandra (f)	salamandra (f)	[sala'mandra]
camaleão (m)	camaleonte (m)	[kamale'onte]
escorpião (m)	scorpione (m)	[skor'pjone]
tartaruga (f)	tartaruga (f)	[tarta'ruga]
rã (f)	rana (f)	['rana]
sapo (m)	rospo (m)	['rospo]
crocodilo (m)	coccodrillo (m)	[kokko'drillo]

141. Insetos

inseto (m)	insetto (m)	[in'setto]
borboleta (f)	farfalla (f)	[far'falla]
formiga (f)	formica (f)	[for'mika]
mosca (f)	mosca (f)	['moska]
mosquito (m)	zanzara (f)	[dzan'dzara]
escaravelho (m)	scarabeo (m)	[skara'beo]
vespa (f)	vespa (f)	['vespa]
abelha (f)	ape (f)	['ape]
mamangaba (f)	bombo (m)	['bombo]
moscardo (m)	tafano (m)	[ta'fano]
aranha (f)	ragno (m)	['raɲo]
teia (f) de aranha	ragnatela (f)	[raɲa'tela]
libélula (f)	libellula (f)	[li'bellula]
gafanhoto (m)	cavalletta (f)	[kaval'letta]
traça (f)	farfalla (f) notturna	[far'falla not'turna]
barata (f)	scarafaggio (m)	[skara'fadʒo]
carrapato (m)	zecca (f)	['tsekka]
pulga (f)	pulce (f)	['pultʃe]
borrachudo (m)	moscerino (m)	[moʃe'rino]
gafanhoto (m)	locusta (f)	[lo'kusta]
caracol (m)	lumaca (f)	[lu'maka]
grilo (m)	grillo (m)	['grillo]
pirilampo, vaga-lume (m)	lucciola (f)	['lutʃola]
joaninha (f)	coccinella (f)	[kotʃi'nella]
besouro (m)	maggiolino (m)	[madʒo'lino]
sanguessuga (f)	sanguisuga (f)	[sangwi'zuga]
lagarta (f)	bruco (m)	['bruko]
minhoca (f)	verme (m)	['verme]
larva (f)	larva (m)	['larva]

Flora

142. Árvores

árvore (f)	albero (m)	['albero]
decídua (adj)	deciduo	[de'tʃiduo]
conífera (adj)	conifero	[ko'nifero]
perene (adj)	sempreverde	[sempre'verde]
macieira (f)	melo (m)	['melo]
pereira (f)	pero (m)	['pero]
cerejeira (f)	ciliegio (m)	[tʃi'ljedʒo]
ginjeira (f)	amareno (m)	[ama'reno]
ameixeira (f)	prugno (m)	['pruɲo]
bétula (f)	betulla (f)	[be'tulla]
carvalho (m)	quercia (f)	['kwertʃa]
tília (f)	tiglio (m)	['tiʎʎo]
choupo-tremedor (m)	pioppo (m) tremolo	['pjoppo 'tremolo]
bordo (m)	acero (m)	['atʃero]
espruce (m)	abete (m)	[a'bete]
pinheiro (m)	pino (m)	['pino]
alerce, lariço (m)	larice (m)	['laritʃe]
abeto (m)	abete (m) bianco	[a'bete 'bjanko]
cedro (m)	cedro (m)	['tʃedro]
choupo, álamo (m)	pioppo (m)	['pjoppo]
tramazeira (f)	sorbo (m)	['sorbo]
salgueiro (m)	salice (m)	['salitʃe]
amieiro (m)	alno (m)	['alno]
faia (f)	faggio (m)	['fadʒo]
ulmeiro, olmo (m)	olmo (m)	['olmo]
freixo (m)	frassino (m)	['frassino]
castanheiro (m)	castagno (m)	[ka'staɲo]
magnólia (f)	magnolia (f)	[ma'ɲolia]
palmeira (f)	palma (f)	['palma]
cipreste (m)	cipresso (m)	[tʃi'presso]
mangue (m)	mangrovia (f)	[man'growia]
embondeiro, baobá (m)	baobab (m)	[bao'bab]
eucalipto (m)	eucalipto (m)	[ewka'lipto]
sequoia (f)	sequoia (f)	[se'kwoja]

143. Arbustos

arbusto (m)	cespuglio (m)	[tʃes'puʎʎo]
arbusto (m), moita (f)	arbusto (m)	[ar'busto]

videira (f)	vite (f)	['vite]
vinhedo (m)	vigneto (m)	[vi'ɲeto]
framboeseira (f)	lampone (m)	[lam'pone]
groselheira-vermelha (f)	ribes (m) rosso	['ribes 'rosso]
groselheira (f) espinhosa	uva (f) spina	['uva 'spina]
acácia (f)	acacia (f)	[a'katʃa]
bérberis (f)	crespino (m)	[kres'pino]
jasmim (m)	gelsomino (m)	[dʒelso'mino]
junípero (m)	ginepro (m)	[dʒi'nepro]
roseira (f)	roseto (m)	[ro'zeto]
roseira (f) brava	rosa (f) canina	['roza ka'nina]

144. Frutos. Bagas

fruta (f)	frutto (m)	['frutto]
frutas (f pl)	frutti (m pl)	['frutti]
maçã (f)	mela (f)	['mela]
pera (f)	pera (f)	['pera]
ameixa (f)	prugna (f)	['pruɲa]
morango (m)	fragola (f)	['fragola]
ginja (f)	amarena (f)	[ama'rena]
cereja (f)	ciliegia (f)	[tʃi'ljedʒa]
uva (f)	uva (f)	['uva]
framboesa (f)	lampone (m)	[lam'pone]
groselha (f) negra	ribes (m) nero	['ribes 'nero]
groselha (f) vermelha	ribes (m) rosso	['ribes 'rosso]
groselha (f) espinhosa	uva (f) spina	['uva 'spina]
oxicoco (m)	mirtillo (m) di palude	[mir'tillo di pa'lude]
laranja (f)	arancia (f)	[a'rantʃa]
tangerina (f)	mandarino (m)	[manda'rino]
abacaxi (m)	ananas (m)	[ana'nas]
banana (f)	banana (f)	[ba'nana]
tâmara (f)	dattero (m)	['dattero]
limão (m)	limone (m)	[li'mone]
damasco (m)	albicocca (f)	[albi'kokka]
pêssego (m)	pesca (f)	['peska]
quiuí (m)	kiwi (m)	['kiwi]
toranja (f)	pompelmo (m)	[pom'pelmo]
baga (f)	bacca (f)	['bakka]
bagas (f pl)	bacche (f pl)	['bakke]
arando (m) vermelho	mirtillo (m) rosso	[mir'tillo 'rosso]
morango-silvestre (m)	fragola (f) di bosco	['fragola di 'bosko]
mirtilo (m)	mirtillo (m)	[mir'tillo]

145. Flores. Plantas

flor (f)	fiore (m)	['fjore]
buquê (m) de flores	mazzo (m) di fiori	['mattso di 'fjori]
rosa (f)	rosa (f)	['roza]
tulipa (f)	tulipano (m)	[tuli'pano]
cravo (m)	garofano (m)	[ga'rofano]
gladíolo (m)	gladiolo (m)	[gla'djolo]
centáurea (f)	fiordaliso (m)	[fjorda'lizo]
campainha (f)	campanella (f)	[kampa'nella]
dente-de-leão (m)	soffione (m)	[sof'fjone]
camomila (f)	camomilla (f)	[kamo'milla]
aloé (m)	aloe (m)	['aloe]
cacto (m)	cactus (m)	['kaktus]
fícus (m)	ficus (m)	['fikus]
lírio (m)	giglio (m)	['dʒiʎʎo]
gerânio (m)	geranio (m)	[dʒe'ranio]
jacinto (m)	giacinto (m)	[dʒa'tʃinto]
mimosa (f)	mimosa (f)	[mi'moza]
narciso (m)	narciso (m)	[nar'tʃizo]
capuchinha (f)	nasturzio (m)	[na'sturtsio]
orquídea (f)	orchidea (f)	[orki'dea]
peônia (f)	peonia (f)	[pe'onia]
violeta (f)	viola (f)	[vi'ola]
amor-perfeito (m)	viola (f) del pensiero	[vi'ola del pen'sjero]
não-me-esqueças (m)	nontiscordardimé (m)	[non·ti·skordar·di'me]
margarida (f)	margherita (f)	[marge'rita]
papoula (f)	papavero (m)	[pa'pavero]
cânhamo (m)	canapa (f)	['kanapa]
hortelã, menta (f)	menta (f)	['menta]
lírio-do-vale (m)	mughetto (m)	[mu'getto]
campânula-branca (f)	bucaneve (m)	[buka'neve]
urtiga (f)	ortica (f)	[or'tika]
azedinha (f)	acetosa (f)	[atʃe'toza]
nenúfar (m)	ninfea (f)	[nin'fea]
samambaia (f)	felce (f)	['feltʃe]
líquen (m)	lichene (m)	[li'kene]
estufa (f)	serra (f)	['serra]
gramado (m)	prato (m) erboso	['prato er'bozo]
canteiro (m) de flores	aiuola (f)	[aju'ola]
planta (f)	pianta (f)	['pjanta]
grama (f)	erba (f)	['erba]
folha (f) de grama	filo (m) d'erba	['filo 'derba]

folha (f)	**foglia** (f)	['foʎʎa]
pétala (f)	**petalo** (m)	['petalo]
talo (m)	**stelo** (m)	['stelo]
tubérculo (m)	**tubero** (m)	['tubero]
broto, rebento (m)	**germoglio** (m)	[dʒer'moʎʎo]
espinho (m)	**spina** (f)	['spina]
florescer (vi)	**fiorire** (vi)	[fjo'rire]
murchar (vi)	**appassire** (vi)	[appas'sire]
cheiro (m)	**odore** (m), **profumo** (m)	[o'dore], [pro'fumo]
cortar (flores)	**tagliare** (vt)	[taʎ'ʎare]
colher (uma flor)	**cogliere** (vt)	['koʎʎere]

146. Cereais, grãos

grão (m)	**grano** (m)	['grano]
cereais (plantas)	**cereali** (m pl)	[tʃere'ali]
espiga (f)	**spiga** (f)	['spiga]
trigo (m)	**frumento** (m)	[fru'mento]
centeio (m)	**segale** (f)	['segale]
aveia (f)	**avena** (f)	[a'vena]
painço (m)	**miglio** (m)	['miʎʎo]
cevada (f)	**orzo** (m)	['ortso]
milho (m)	**mais** (m)	['mais]
arroz (m)	**riso** (m)	['rizo]
trigo-sarraceno (m)	**grano** (m) **saraceno**	['grano sara'tʃeno]
ervilha (f)	**pisello** (m)	[pi'zello]
feijão (m) roxo	**fagiolo** (m)	[fa'dʒolo]
soja (f)	**soia** (f)	['soja]
lentilha (f)	**lenticchie** (f pl)	[len'tikkje]
feijão (m)	**fave** (f pl)	['fave]

PAÍSES. NACIONALIDADES

147. Europa Ocidental

Europa (f)	**Europa** (f)	[eu'ropa]
União (f) Europeia	**Unione** (f) **Europea**	[uni'one euro'pea]
Áustria (f)	**Austria** (f)	['austria]
Grã-Bretanha (f)	**Gran Bretagna** (f)	[gran bre'taɲa]
Inglaterra (f)	**Inghilterra** (f)	[ingil'terra]
Bélgica (f)	**Belgio** (m)	['beldʒo]
Alemanha (f)	**Germania** (f)	[dʒer'mania]
Países Baixos (m pl)	**Paesi Bassi** (m pl)	[pa'ezi 'bassi]
Holanda (f)	**Olanda** (f)	[o'landa]
Grécia (f)	**Grecia** (f)	['gretʃa]
Dinamarca (f)	**Danimarca** (f)	[dani'marka]
Irlanda (f)	**Irlanda** (f)	[ir'landa]
Islândia (f)	**Islanda** (f)	[iz'landa]
Espanha (f)	**Spagna** (f)	['spaɲa]
Itália (f)	**Italia** (f)	[i'talia]
Chipre (m)	**Cipro** (m)	['tʃipro]
Malta (f)	**Malta** (f)	['malta]
Noruega (f)	**Norvegia** (f)	[nor'vedʒa]
Portugal (m)	**Portogallo** (f)	[porto'gallo]
Finlândia (f)	**Finlandia** (f)	[fin'landia]
França (f)	**Francia** (f)	['frantʃa]
Suécia (f)	**Svezia** (f)	['zvetsia]
Suíça (f)	**Svizzera** (f)	['zvittsera]
Escócia (f)	**Scozia** (f)	['skotsia]
Vaticano (m)	**Vaticano** (m)	[vati'kano]
Liechtenstein (m)	**Liechtenstein** (m)	['liktenstajn]
Luxemburgo (m)	**Lussemburgo** (m)	[lussem'burgo]
Mônaco (m)	**Monaco** (m)	['monako]

148. Europa Central e de Leste

Albânia (f)	**Albania** (f)	[alba'nia]
Bulgária (f)	**Bulgaria** (f)	[bulga'ria]
Hungria (f)	**Ungheria** (f)	[unge'ria]
Letônia (f)	**Lettonia** (f)	[let'tonia]
Lituânia (f)	**Lituania** (f)	[litu'ania]
Polônia (f)	**Polonia** (f)	[po'lonia]

Romênia (f)	Romania (f)	[roma'nia]
Sérvia (f)	Serbia (f)	['serbia]
Eslováquia (f)	Slovacchia (f)	[zlo'vakkia]
Croácia (f)	Croazia (f)	[kro'atsia]
República (f) Checa	Repubblica (f) Ceca	[re'pubblika 'tʃeka]
Estônia (f)	Estonia (f)	[es'tonia]
Bósnia e Herzegovina (f)	Bosnia-Erzegovina (f)	['boznia-ertse'govina]
Macedônia (f)	Macedonia (f)	[matʃe'donia]
Eslovênia (f)	Slovenia (f)	[zlo'venia]
Montenegro (m)	Montenegro (m)	[monte'negro]

149. Países da ex-URSS

Azerbaijão (m)	Azerbaigian (m)	[azerbaj'dʒan]
Armênia (f)	Armenia (f)	[ar'menia]
Belarus	Bielorussia (f)	[bjelo'russia]
Geórgia (f)	Georgia (f)	[dʒe'ordʒa]
Cazaquistão (m)	Kazakistan (m)	[ka'zakistan]
Quirguistão (m)	Kirghizistan (m)	[kir'gizistan]
Moldávia (f)	Moldavia (f)	[mol'davia]
Rússia (f)	Russia (f)	['russia]
Ucrânia (f)	Ucraina (f)	[uk'raina]
Tajiquistão (m)	Tagikistan (m)	[ta'dʒikistan]
Turquemenistão (m)	Turkmenistan (m)	[turk'menistan]
Uzbequistão (f)	Uzbekistan (m)	[uz'bekistan]

150. Asia

Ásia (f)	Asia (f)	['azia]
Vietnã (m)	Vietnam (m)	['vjetnam]
Índia (f)	India (f)	['india]
Israel (m)	Israele (m)	[izra'ele]
China (f)	Cina (f)	['tʃina]
Líbano (m)	Libano (m)	['libano]
Mongólia (f)	Mongolia (f)	[mo'ngolia]
Malásia (f)	Malesia (f)	[ma'lezia]
Paquistão (m)	Pakistan (m)	['pakistan]
Arábia (f) Saudita	Arabia Saudita (f)	[a'rabia sau'dita]
Tailândia (f)	Tailandia (f)	[taj'landia]
Taiwan (m)	Taiwan (m)	[taj'van]
Turquia (f)	Turchia (f)	[tur'kia]
Japão (m)	Giappone (m)	[dʒap'pone]
Afeganistão (m)	Afghanistan (m)	[af'ganistan]
Bangladesh (m)	Bangladesh (m)	['bangladeʃ]

Indonésia (f)	Indonesia (f)	[indo'nezia]
Jordânia (f)	Giordania (f)	[dʒor'dania]
Iraque (m)	Iraq (m)	['irak]
Irã (m)	Iran (m)	['iran]
Camboja (f)	Cambogia (f)	[kam'bodʒa]
Kuwait (m)	Kuwait (m)	[ku'vejt]
Laos (m)	Laos (m)	['laos]
Birmânia (f)	Birmania (f)	[bir'mania]
Nepal (m)	Nepal (m)	[ne'pal]
Emirados Árabes Unidos	Emirati (m pl) Arabi	[emi'rati 'arabi]
Síria (f)	Siria (f)	['siria]
Palestina (f)	Palestina (f)	[pale'stina]
Coreia (f) do Sul	Corea (f) del Sud	[ko'rea del sud]
Coreia (f) do Norte	Corea (f) del Nord	[ko'rea del nord]

151. América do Norte

Estados Unidos da América	Stati (m pl) Uniti d'America	['stati u'niti da'merika]
Canadá (m)	Canada (m)	['kanada]
México (m)	Messico (m)	['messiko]

152. América Central do Sul

Argentina (f)	Argentina (f)	[ardʒen'tina]
Brasil (m)	Brasile (m)	[bra'zile]
Colômbia (f)	Colombia (f)	[ko'lombia]
Cuba (f)	Cuba (f)	['kuba]
Chile (m)	Cile (m)	['tʃile]
Bolívia (f)	Bolivia (f)	[bo'livia]
Venezuela (f)	Venezuela (f)	[venetsu'ela]
Paraguai (m)	Paraguay (m)	[para'gwaj]
Peru (m)	Perù (m)	[pe'ru]
Suriname (m)	Suriname (m)	[suri'name]
Uruguai (m)	Uruguay (m)	[uru'gwaj]
Equador (m)	Ecuador (m)	[ekva'dor]
Bahamas (f pl)	le Bahamas	[le ba'amas]
Haiti (m)	Haiti (m)	[a'iti]
República Dominicana	Repubblica (f) Dominicana	[re'pubblika domini'kana]
Panamá (m)	Panama (m)	['panama]
Jamaica (f)	Giamaica (f)	[dʒa'majka]

153. Africa

Egito (m)	Egitto (m)	[e'dʒitto]
Marrocos	Marocco (m)	[ma'rokko]

Tunísia (f)	**Tunisia** (f)	[tuni'zia]
Gana (f)	**Ghana** (m)	['gana]
Zanzibar (m)	**Zanzibar**	['dzandzibar]
Quênia (f)	**Kenya** (m)	['kenia]
Líbia (f)	**Libia** (f)	['libia]
Madagascar (m)	**Madagascar** (m)	[madagas'kar]

Namíbia (f)	**Namibia** (f)	[na'mibia]
Senegal (m)	**Senegal** (m)	[sene'gal]
Tanzânia (f)	**Tanzania** (f)	[tan'dzania]
África (f) do Sul	**Repubblica** (f) **Sudafricana**	[re'pubblika sudafri'kana]

154. Austrália. Oceania

Austrália (f)	**Australia** (f)	[au'stralia]
Nova Zelândia (f)	**Nuova Zelanda** (f)	[nu'ova dze'landa]

Tasmânia (f)	**Tasmania** (f)	[taz'mania]
Polinésia (f) Francesa	**Polinesia** (f) **Francese**	[poli'nezia fran'tʃeze]

155. Cidades

Amesterdã, Amsterdã	**Amsterdam**	['amsterdam]
Ancara	**Ankara**	['ankara]
Atenas	**Atene**	[a'tene]
Bagdade	**Baghdad**	[bag'dad]
Bancoque	**Bangkok**	[baŋ'kok]

Barcelona	**Barcellona**	[bartʃel'lona]
Beirute	**Beirut**	['bejrut]
Berlim	**Berlino**	[ber'lino]
Bonn	**Bonn**	[bonn]
Bordéus	**Bordeaux**	[bor'do]

Bratislava	**Bratislava**	[brati'zlava]
Bruxelas	**Bruxelles**	[bruk'sel]
Bucareste	**Bucarest**	['bukarest]
Budapeste	**Budapest**	['budapest]
Cairo	**Il Cairo**	[il 'kairo]

Calcutá	**Calcutta**	[kal'kutta]
Chicago	**Chicago**	[tʃi'kago]
Cidade do México	**Città del Messico**	[tʃit'ta del 'messiko]
Copenhague	**Copenaghen**	[kope'nagen]
Dar es Salaam	**Dar es Salaam**	[dar es sala'am]

Deli	**Delhi**	['deli]
Dubai	**Dubai**	[du'bai]
Dublim	**Dublino**	[du'blino]
Düsseldorf	**Düsseldorf**	['dysseldorf]
Estocolmo	**Stoccolma**	[stok'kolma]
Florença	**Firenze**	[fi'rentse]

Frankfurt	Francoforte	[franko'forte]
Genebra	Ginevra	[dʒi'nevra]
Haia	L'Aia	['laja]
Hamburgo	Amburgo	[am'burgo]

Hanói	Hanoi	[a'noj]
Havana	L'Avana	[la'vana]
Helsinque	Helsinki	['elsinki]
Hiroshima	Hiroshima	[iro'ʃima]
Hong Kong	Hong Kong	[on'kong]
Istambul	Istanbul	['istanbul]

Jerusalém	Gerusalemme	[dʒeruza'lemme]
Kiev, Quieve	Kiev	['kiev]
Kuala Lumpur	Kuala Lumpur	[ku'ala 'lumpur]
Lion	Lione	[li'one]
Lisboa	Lisbona	[liz'bona]

Londres	Londra	['londra]
Los Angeles	Los Angeles	[los 'endʒeles]
Madrid	Madrid	[ma'drid]
Marselha	Marsiglia	[mar'siʎʎa]
Miami	Miami	[ma'jami]

Montreal	Montreal	[monre'al]
Moscou	Mosca	['moska]
Mumbai	Bombay, Mumbai	[bom'bej], [mum'baj]
Munique	Monaco di Baviera	['monako di ba'vjera]
Nairóbi	Nairobi	[naj'robi]
Nápoles	Napoli	['napoli]

Nice	Nizza	['nittsa]
Nova York	New York	[nju 'jork]
Oslo	Oslo	['ozlo]
Ottawa	Ottawa	[ot'tava]
Paris	Parigi	[pa'ridʒi]

Pequim	Pechino	[pe'kino]
Praga	Praga	['praga]
Rio de Janeiro	Rio de Janeiro	['rio de ʒa'nejro]
Roma	Roma	['roma]
São Petersburgo	San Pietroburgo	[san pjetro'burgo]
Seul	Seoul	[se'ul]

Singapura	Singapore	[singa'pore]
Sydney	Sidney	[sid'nej]
Taipé	Taipei	[taj'pej]

| Tóquio | Tokio | ['tokio] |
| Toronto | Toronto | [to'ronto] |

Varsóvia	Varsavia	[var'savia]
Veneza	Venezia	[ve'netsia]
Viena	Vienna	['vjenna]
Washington	Washington	['woʃinton]
Xangai	Shanghai	[ʃan'gaj]